Mathias Jung
Sokrates
Tod, wo ist dein Stachel?

Mach dir überhaupt die Vergänglichkeit des menschlichen Daseins recht klar! Gestern Träger des Lebens, morgen Mumie und Asche! Durchwandere also diese kurze Spanne Zeit nach den Gesetzen alles natürlichen Lebens und gehe heiteren Gemütes von dannen, der Olive gleich, die vom Baume fällt, wenn sie reif geworden ist, und noch im Sterben die Mutter Erde preist und dem Baume dankt, der sie getragen hat.

Marc Aurel,
Römischer Kaiser und stoischer Philosoph
(121–180 n. Chr.)

die
blaue
reihe

In liebendem Gedenken
an
Dr. med. Max Otto Bruker
(1909–2001),
den Seelenarzt
und Wissenschaftler
aus sokratischem Geist.

Mathias Jung

Sokrates

Tod, wo ist dein Stachel?

die blaue reihe

ISBN 3-89189-080-X

1. Auflage 2001

Umschlaggestaltung: Martin Gutjahr
Umschlagfoto: Marmorbüste des Sokrates, Glyptothek München
Zeichnungen: Reiner Taudien

Inhalt

Das Ärgernis Sokrates ... 7
Aufklärung und Krise ... 23
Revolution des Denkens .. 41
Moral und Wissen 65
Lob des Nichtwissens ... 83
Seelenkunde 103
Eros 119
Der Prozess 141
Der Tod 159

Wenn einer des Sokrates Reden anhören will, so werden sie ihm anfangs ganz lächerlich vorkommen, in solche Worte und Redensarten sind sie äußerlich eingehüllt, wie das Fell eines frechen Satyrs. Denn von Lasteseln spricht er, von Schmieden und Schustern und Gerbern und scheint immer auf dieselbe Art nur dasselbe zu sagen, so dass jeder unerfahrene und unverständige Mensch über seine Reden spotten muss.

Wenn sie aber einer geöffnet sieht und hineintritt, so wird er zuerst finden, dass diese Reden allein inwendig Vernunft haben, und dann, dass sie ganz göttlich sind und die schönsten Götterbilder von Tugend in sich enthalten und auf das meiste von dem oder vielmehr auf alles gerichtet sind, was dem, der gut und edel sein will, zu untersuchen gebührt.

Alkibiades
Platon, Symposion

Das Ärgernis Sokrates

Sokrates, der merkwürdige Mann, der Fremde, der Befremdliche, der Sonderling. Sokrates, der Auffällige, der Störenfried, der Asoziale. Sokrates, die unangepasste, die paradoxe, die absurde Existenz.

Gernot Böhme,
Der Typ Sokrates

Schön ist er nicht, der große Philosoph. Er ist eher klein, dickbäuchig, kahlköpfig, stumpfnäsig. Er hat einen Hang zu Basedow-Augen. Alkibiades, einer der schönsten Jünglinge Athens und Lieblingsschüler des Sokrates, nennt ihn einmal scherzhaft *hässlicher als alle die Silene im Satirspiel.*

Sokrates trinkt wenig, aber wenn er trinkt, dann säuft er alle Partner unter den Tisch. Nach bürgerlichen Maßstäben verhält sich der Mann indiskutabel. Der Philosoph Ernst Bloch *(Prinzip Hoffnung)* schreibt über Sok-

Xanthippe: „Du bist blau!“
Sokrates: „Irrtum, ich bin Philosoph!“

rates: *Er war ein absoluter Hallodri, hatte keinen Schreibtisch, keine Bücher, hielt sich nirgends ständig auf, war sozusagen ein Faulenzer der schöpferischen Art; das Faulenzen war seine einzige Tätigkeit. Trotzdem hatte er die machtvollste Nachwirkung ausgeübt, weil seine Freunde mit den Lehren des Sokrates zugleich eine einzigartige, bezaubernde Person überliefert haben.*

Seine Freunde – das waren, jesuanisch gesprochen, seine „Apostel". Sie haben uns seine Worte überliefert. Denn Sokrates hat uns, wie Jesus, keine einzige Zeile aus seiner Hand überlassen. Er ist kein systematischer Philosoph, er besitzt keinen Lehrstuhl. Er ist ein peripathetischer Denker, ein umherwandelnder Philosoph. Sokrates ist der größte Flaneur in der Weltgeschichte des Denkens. Mit Sokrates kann man spazieren. Hören wir dazu den Dialog *Phaidros*, den Platon uns überliefert hat. Sokrates spaziert mit Phaidros entlang dem Flüsschen Illissos bis zu dem vor den Toren Athens liegenden Ardettos-Hügel.

SOKRATES: *Hier lass uns abbiegen, am Illissos hinuntergehen und dann, wo es uns gefallen wird, uns einsam niedersetzen.*

Phaidros: *Zur rechten Zeit, wie es scheint, bin ich unbeschuht; denn du freilich bist es immer. So ist es am bequemsten, im Wässerchen selbst die Füße netzend gehen, und gar nicht unangenehm, zumal in dieser Jahreszeit um die jetzige Stunde.*

Sokrates: *So geh voran und sieh dich um, wo wir uns wohl setzen können.*

Phaidros: *Siehst du jene höchste Platane dort?*

Sokrates: *Wie sollte ich nicht?*

Phaidros: *Dort ist Schatten und mäßige Luft, auch Rasen, darauf zu sitzen oder, wenn wir wollen, uns niederzulegen. (...)*

Sokrates: *Bei der Hera! Dies ist ein schöner Aufenthalt. Denn die Platane selbst ist prächtig belaubt und hoch, und des Gesträuches Höhe und Schattung gar schön und so steht es in voller Blüte, dass es den Ort mit Wohlgeruch ganz erfüllt ... Du hast vortrefflich den Führer gemacht, lieber Phaidros.*

Phaidros: *Du aber, wunderbarer Mann, zeigst dich ganz seltsam. Denn in der Tat, wie du auch sagst, einem Fremden gleichst du, der sich herumführen lässt, und nicht einem Einheimischen. So wenig wanderst du aus der Stadt über die Grenze, noch auch selbst zum Tore scheinst du mir hinauszugehen.*

SOKRATES: *Dies verzeih mir schon, o Bester. Ich bin eben lernbegierig, und Felder und Bäume wollen mich nichts lehren, aber die Menschen in der Stadt.*

Sokrates ist ein Stadtmensch. Die Agora, der Marktplatz, ist der öffentliche Ort der Philosophie. Sokrates geht barfuß, er legt keinen Wert auf äußerliche Konvention. Er schreibt die Erkenntnisse seines Denkens grundsätzlich nicht nieder. Denn sein Denken ist dialogisch, im Fluss, in jedem Augenblick kreativ sich selbst gebärend; es leistet, wie Hegel später sagen wird, die *Arbeit des Begriffs*. Der Prozess des Denkens fasziniert Sokrates. Schreiben hat etwas Konservierendes, es friert das einmal Gedachte für alle Ewigkeit ein. Es ist Ergebnis, nicht die Geburt des Denkens.

Sokrates, die zentrale Leitfigur nicht nur des griechischen Denkens, sondern der gesamten westlichen Philosophie, schärft das Denken im ununterbrochenen Dialog und der öffentlichen Kommunikation. Xenophon berichtet in seinen *Memorabilien*, also in seinem Bericht über die erinnerungswerten Dinge: *So tat gerade er stets alles in voller Öffentlichkeit. Am frühen Morgen ging er nämlich nach den Säulenhallen und Turnschulen, und wenn der Markt sich füllte, war er dort zu sehen, und auch den Rest des Tages war er immer dort, wo er mit den meisten Menschen zusammen sein konnte. Und er sprach meistens, und wer nur wollte, dem stand es frei, ihm zuzuhören.*

Worüber sprach Sokrates? Xenophon unterrichtet uns auch darüber: *Er selbst aber unterhielt sich immer über die menschlichen Dinge und untersuchte, was fromm oder was gottlos, was schön oder was hässlich, was gerecht und was ungerecht ist, was Besonnenheit oder was Torheit ist, was Tapferkeit und was Feigheit ist, was ein Staat und ein Staatsmann ist, was eine Herrschaft über Menschen und ein Herrscher über Menschen ist, so wie über das andere, durch dessen Wissen die Menschen nach seiner Meinung tüchtig und gut seien, während sie bei Unwissenheit darüber mit Recht als Sklavenseelen bezeichnet würden.*

Wie waren die privaten Lebensumstände des Sokrates? Der Athener lebte von 470 – das Geburtsdatum ist umstritten – bis 399 vor unserer Zeitrechnung. Seine Berichterstatter bezeichnen ihn bald als Bildhauer, bald als Steinmetz. Das Gewerbe hat er von seinem Vater

Sophroniskos gelernt. Von seiner Mutter Phainarete spricht Sokrates als von *einer sehr berühmten und mannhaften Hebamme*. Einem geregelten Erwerb geht Sokrates nicht nach. Xanthippe, seiner Frau, obliegt die steinige Aufgabe, das Geld für die Familie und die drei Söhne Sophroniskos, Lamprokles und Menexenos herbeizuschaffen. Sie unterhält, wenn man einigen Quellen glauben will, den Steinmetzbetrieb mit Hilfe von zwei bis drei Sklaven. Ein böses, zänkisches Weib, wie die frauenfeindliche Fama es behauptet, war Xanthippe mit Sicherheit nicht. Sie war erheblich jünger als der Philosoph. Sie brachte ihm kurz vor seinem Tod die Söhne in den Kerker und verbrachte die letzte Nacht vor seiner Selbsthinrichtung bei ihm im Gefängnis. Das spricht wohl für sie und ihre Liebe. Leider haben wir die Stimme dieser Frau nie vernommen. Die ungehaltene Rede dieser ungehaltenen Frau wäre aufschlussreich gewesen. So behält Sokrates das letzte Wort.

Xanthippe soll ihn beschimpft und sogar mit schmutzigem Wasser übergossen haben. Laut Diogenes Laertios (3. Jahrhundert v. Chr.) kommentierte Sokrates das mit den Worten:

Sagte ich nicht, dass Xanthippe auch Regen bringt, wenn sie donnert? Einzig der freche Bert Brecht unternahm eine witzige Ehrenrettung der armen Frau des Philosophen:

> *Xanthippe sprach zu Sokrates:*
> *„Du bist schon wieder blau?“*
> *Er sprach: „Bist du sicher dess“?*
> *Kein Mensch weiß was genau.*
> *Er gilt noch heut als Philosoph*
> *und sie als böse Frau.*

Sicher ist, was Cicero über ihren Ehemann, den geistigen Provokateur, sagt: *Sokrates aber hat als Erster die Philosophie vom Himmel heruntergeholt, in den Städten angesiedelt, sie sogar in die Häuser eingeführt und sie* (die Philosophie – M. J.) *gezwungen, nach dem Leben, den Sitten und dem Guten und Bösen zu fragen.*

Doch was immer wir über Sokrates wissen, wir haben es aus zweiter Hand. Wir besitzen allerdings eine Fülle von Quellen, so dass sich doch ein Bild rekonstruieren lässt. Da sind einmal die – stark idealisierenden – *Memorabilien*, die Erinnerungen des Xenophon, des Militärs und Historikers, der einer seiner

Schüler war und Sokrates verehrte. Da ist der Komödienschreiber Aristophanes, der in seinem Stück *Die Wolken* Sokrates bösartig als geldgierigen Schwätzer denunzierte. Da ist vor allem natürlich Platon. Das Platonische Werk ist sozusagen ein sokratisches. Es ist über weite Passagen die Aufzeichnung oder, besser gesagt, die Rekonstruktion seiner Dialoge. Platon war der bedeutendste Schüler von Sokrates. Er hat ihn in den Tod begleitet, er war zehn Jahre sein Schüler.

In den großen Dialogen lässt Platon den Sokrates persönlich auftreten. Hier erleben wir die Entfaltung seines diskursiven Denkens, das sich immer im Gespräch herausgebildet hat. Es geht dabei wie in dem berühmten Aufsatz des Heinrich von Kleist (1777–1811) *Über die allmähliche Verfertigung der Gedanken beim Sprechen*. Eben das ist die philosophische Grundfigur bei Sokrates. Wir selbst praktizieren dies oft im Alltag, wenn wir einen Kummer haben oder eine Freude oder eine Aufregung. Dann holen wir uns eine Freundin, einen Freund oder den Partner. Wir müssen einfach darüber sprechen. Durch das Sprechen gewinnen wir wieder Klarheit im Kopf. Und nichts anderes heißt Dialektik. Sie kommt vom griechischen *dialegein*, das heißt miteinander nachdenklich sprechen, die Wahrheit entbinden.

Wir wissen auch noch einiges von Aristoteles über Sokrates und von dem Philosophiehistoriker Diogenes Laertios.

Trotz all dieser Berichterstatter bleibt um Sokrates die Aura des Fremden, des Anstößigen. Er selbst sagte von sich: *Unergründlich bin ich und ich bringe es dahin, dass die Menschen nicht mehr weiter wissen.* Der Philosoph Gernot Böhme schreibt in seiner vorzüglichen Studie *Der Typ Sokrates*: *Sokrates, der Ortlose. Sokrates, der merkwürdige Mann, der Fremde, der Befremdliche, der Sonderling. Sokrates, der Auffällige, der Störenfried, der Asoziale. Sokrates, die unangepasste, die paradoxe, die absurde Existenz. Atopos ist sein Epitheton* (schmückendes Beiwort – M.J.) – *das heißt der Ortlose … Sokrates Sonderlichkeit war aufreizend und verletzend. Wer sich mit ihm einließ, war fasziniert und zugleich abgestoßen, verunsichert, manchmal gar wie vom Schlag getroffen. Man verglich ihn mit dem Zitterrochen, der elektrische Schläge verteilt. Alkibiades spricht vom Biss der Natter … Sokrates ist das Urbild des Philosophen. Wenn das wahr ist, dann ist Philosophie etwas höchst Befremdliches.*

Sokrates zentrierte die Philosophie auf den *Menschen*. Das war eine revolutionäre Wende. Hatten doch die vorsokratischen Philosophen wie Thales, Anaximander, Empedokles, Anaximenes, Leukipp oder Demokrit mit unterschiedlichen Antworten den Ursprung der *Welt* zu bestimmen versucht. Thales bestimmte das Wasser als Prinzip alles Seienden, Anaximander das *Apeiron*, das Unendliche und Unbestimmte, Anaximenes die Luft, Empedokles Wasser, Erde, Feuer und Luft als die Urelemente des Kosmos, Leukipp und Demokrit das *Atomos*, das (angeblich) unteilbare Atom als konstitutives Partikel des Seins. Noch den jungen Sokrates beschäftigten diese Fragen nach der Kosmologie und der Evolution der organischen und anorganischen Materie: *Ob, wenn das Warme und Kalte in Fäulnis gerät, wie einige gesagt haben, dann Tiere sich bilden? Und ob es wohl das Blut ist, wodurch wir denken oder die Luft oder das Feuer? Oder wohl keines von diesen, sondern das Gehirn uns alle Wahrnehmungen hervorbringt, des Sehens und Hörens und Riechens und aus diesen dann Gedächtnis und Vorstellung entsteht?* (*Phaidon*). Sokrates gesteht seine Kapitulation gegenüber diesen für ihn unlösbaren Fragen.

Stattdessen wendet er sich von den „letzten Fragen“ der Naturphilosophie und Metaphysik ab und konzentriert sich auf die Frage nach den Tugenden im Gespräch mit seinen Mitbürgern. Das ist das Neue. Der spanische Philosoph Ortega y Gasset (1883–1955) rühmt in seinem Buch *Griechische Ethik* dieses Novum so: *Seit Sokrates kehrt der griechische Mensch dem Universum den Rücken, das Gesicht aber sich selber zu. Der griechische Geist wendet sich im Verlauf einer einzigen Generation um hundertachtzig Grad. Die Geschichte kennt kein zweites Beispiel dieser Art. Das überspannte Ganzheitsstreben legt die wunderbare Wissbegierde der Griechen lahm. Von nun an hört man, wenn in Griechenland das Wort Wissenschaft fällt, in erster Linie die Bedeutung „Ethik“ heraus.*

Sokrates holt die Philosophie aus dem Elfenbeinturm der Wissenschaft und bringt sie unter Frauen und Männer, Zivilisten und Militärs, Handwerker und Kurtisanen, Politiker und Privatiers. Er ist ein Ethiker, dessen Hauptaugenmerk der Moralität, dem aufrechten Gang des Menschen gilt. Philosophie ist nicht stoffgebunden und setzt keinen Hochschulabschluss voraus. Sie ist eine Geisteshaltung, eine Art und Weise, den eigenen Verstand zu schärfen, kompromisslos genau zu denken, selbstkritisch zu sein, sich durch Fragen verwirren zu lassen, grundsätzliche Offenheit für alle Phänomene des Lebens zu behalten.

Alles muss der *homo sapiens* der Prüfung unterziehen, vor dem Richterstuhl der Vernunft reflektieren. Noch zweieinhalbtausend Jahre später löst der Philosoph, der für seine Überzeugungen in den Tod ging, Epizentren seines geistigen Vulkanausbruchs aus. Marc Sautet, ein inzwischen verstorbener französischer Philosoph, gründete 1992 an der Pariser Place de la Bastille das erste *Café philosophique* und löste damit eine beispiellose Bewegung aus. Allein in Frankreich bildeten sich rund 150 philosophische Cafés. Mittlerweile haben sich auch in der Bundesrepublik, etwa in Düsseldorf, Bonn und Koblenz, philosophische Cafés gegründet. In Koblenz diskutieren wir beispielsweise (an jedem ersten Sonntagnachmittag des Monats im Konradhaus) über Themen wie Glück, Lebenssinn, weibliche und männliche Intelligenz, Gerechtigkeit, Tod, Leid, Abschied, kurz alles, was die Teilnehmer aus ihrer Mitte heraus zum Thema wählen. Das ist Philsophie für jedermann, nicht nur für Eingeweihte. Wir halten uns an das Wort Marc Sautets: *Ohne Licht und ohne Wärme gilt die Philosophie heute als ein toter Stern, eine veraltete Gottheit, die dasselbe Los ereilt, das sie einst der Religion bereitet hatte: Es scheint an der Zeit, die Dahingeschiedene dem heiligen Kult der Schar ihrer Funktionäre zu überlassen.*

Wie gerne hätten wir Sokrates, aber auch Xanthippe in unseren temperamentvollen philosophischen Debatten, in denen auch viel gelacht wird, als Gäste. Sautet hat Recht: *So unpassend es klingen mag, mir scheint, dass das Stück, das wir heute spielen, in Griechenland schon einmal gespielt worden ist, zur Zeit der Geburt der sokratischen Philosophie ... Diese Debatte im Café, eine harte Prüfung für den Philosophen, ist auch ein Test für die Philosophie: Ein Experiment, das es ermöglicht, herauszufinden, ob die Philosophie der Sache dient, der zu dienen sie behauptet ... Philosophieren heißt zuallererst zuhören. Der Philosoph ist nicht jemand, der auf alle Fragen eine*

Antwort hat, sondern jemand, den die bereits erteilten und vorherrschenden Antworten beschäftigen ... Er schwört auf nichts. Er kennt keine Gewissheit oder er will provozieren und nimmt die Herausforderung an.

Warum schweigen die universitären Berufsphilosophen zu den meisten Gegenwartsfragen, der drohenden Selbstvernichtung des Planeten durch Atomkraftwerke und Kriege, der Genmanipulation, der höchst fragwürdigen Gehirntod-Definition der Organtransplantateure, der geplanten Schaffung menschlicher Organe durch embryonale Stammzellen, der wachsenden Verelendung der Dritten Welt, der afrikanischen Aids-Problematik und zu vielem anderen?

Marc Sautet mahnt in seinem denkerischen Testament *Ein Café für Sokrates. Philosophie für Jedermann*: *Nein, der Philosoph ist nicht zum Schweigen berufen. Nicht im Rückzug auf sich selbst hat er seine Rolle zu spielen. Sondern auf der Straße, in der Stadt, in dem er sich in das Leben jedes Einzelnen einmischt, auf dem Marktplatz umhergeht, in der Menge der Händler und Spaßmacher und Fragen stellt. Nicht, weil er weiß, weil er über ein höheres Wissen verfügt, sondern weil er im Gegenteil diejenigen beneidet, die wissen oder zu wissen vorgeben. Er will wissen, aber nicht hinters Licht geführt werden, und wenn er etwas zu lehren hat, dann dies. Das erfordert Aufmerksamkeit, Methode, Konzentration, Ruhe, aber auch das Gegenteil: Konfrontation mit dem Wirklichen. Umgang mit der Menge, Auseinandersetzung mit denen, die andere zu täuschen trachten. Meditation und Kampf, Stille und Lärm. Einsamkeit und die Agora.*

Zu welchem geschichtlichen, ideologischen Zeitpunkt bricht Sokrates das Schweigen? Schauen wir uns seine Welt an.

*

Sean Connery spielt Sokrates
Der britische Schauspieler Sean Connery spielt in einem Film den griechischen Philosophen Sokrates. Die Idee für den Film hatte sein Freund, der griechische Musiker und Komponist Vangelis, der auch den Soundtrack schreibt.

Rhein-Zeitung,
24.01.2001

Aufklärung und Krise

Wir leben in einer Staatsverfassung, die nicht den Gesetzen der Nachbarn nachstrebt, sondern wir sind eher das Vorbild für andere als deren Nachahmer. Ihr Name ist Demokratie …

Weil unsere Stadt groß ist, kommen die Erzeugnisse der ganzen Welt zu uns, und wir genießen die Erzeugnisse unserer Heimat genauso bei uns zu Hause wie die Güter der anderen Völker. …

Unsere Stadt in ihrer Gesamtheit ist eine Bildungs- und Erziehungsstätte für Hellas; es scheint mir, dass jeder einzelne Mann bei uns sich wohl in den mannigfaltigsten Formen und mit Anmut in höchster Gewandtheit zu einer unabhängigen Persönlichkeit ausbildet.

Perikles über Athen, Thukydides,
Der Peloponnesische Krieg II, 37–41

Zeus: „Ich hau ab. Die wissen zuviel, die glauben nicht mehr an mich!“

In welcher Zeit lebt Sokrates? Es ist das fünfte vorchristliche griechische Jahrhundert. Man nennt es auch nach dem großen griechischen Staatslenker und Staatstheoretiker Perikles das Perikleische Zeitalter. Es ist das Goldene Zeitalter, wie die Römer sagen würden, die *aurea aetas*. Als Sokrates um 470 v. Chr. geboren wird, befindet sich Athen noch im Krieg mit den Persern. Er dauert, mit vielen Unterbrechungen, bis 448. Athen ist die Führungsmacht des Attisch-Delischen Seebundes. Die Kassen des Städtebundes und damit ein gewaltiges Kapital wird nach Athen transferiert, die Metropole erhält Millionenbeträge von den abhängigen Stadtstaaten. Perikles regiert von 443 bis 429.

Der Vorgang ist auch noch aus der Perspektive von heute atemberaubend. Athen hat etwa 150000 Einwohner. Dieser winzige Stadtstaat, kleiner als zum Beispiel die Hansestadt Lübeck, wird innerhalb weniger Generationen zur führenden Geistesmacht des Mittelmeerraumes. In dieser „Weltmetropole" der Kultur blühen Architektur, Bildhauerei, Dichtung, Geschichtsschreibung, Philosophie, Theater und Wissenschaft. Die Tragödie erreicht mit

Aischylos, Sophokles und Euripides einen welthistorischen Höhepunkt. Noch heute können wir auf der Akropolis die Werke der Bildhauer Phidias und Polyklits bestaunen. Nach Athen strömen Persönlichkeiten wie der Historiker Herodot, der Arzt Hippokrates und Philosophen wie Anaxagoras, Parmenides, Protagoras und Zenon. Auch der berühmte Komödienschreiber Aristophanes lässt sich in Athen nieder.

Die Verteidigungsmauer, die Athen mit seiner Hafenstadt Piräus verbindet, entsteht. Die Hafenanlagen werden erweitert. Auf dem Hügel Akropolis, wörtlich „Stadtspitze“, entstehen die großen Tempel. Handwerk, Handel, Justiz und kommunale Unternehmungen gedeihen. Die ganze Stadt ist sozusagen eine Unternehmung der Bürger. Allerdings, das darf man keinen Augenblick vergessen, es ist eine beinharte Klassengesellschaft. Nur rund 30000 männliche Bürger, also nur ein Fünftel der Stadtbevölkerung, sind wahlfähig. Die übergroße Mehrheit von Frauen, Sklaven und Metöken, die ausländischen Arbeitskräfte, ist staatspolitisch ausgegrenzt. Sklaven bestellen das Land und erledigen die Hausarbeit. Nur die ärmere Bevölkerung geht den handwerklichen, *banausischen* Tätigkeiten nach. Das klassische Athen ist kein Ort der Seligen, sondern eine militärisch gerüstete Klassengesellschaft der Sklavenhalter. Daran nimmt keiner der großen Philosophen dieses Jahrhunderts Anstoß, auch der weise Sokrates nicht. Wie so oft erweist sich auch das philosophische Denken als historisch, schichtenspezifisch, Marx würde sagen, als ideologischer Überbau der bestehenden Produktions- und Besitzverhältnisse. Später wird das römische Gesetzbuch den Sklaven als eine *res loquens* bezeichnen, als *sprechendes Werkzeug*. Dann werden sich, Jahrhunderte später, die kultivierten, aber inzwischen selbst kolonialisierten Griechen als Leibsklaven reicher Römer wiederfinden ...

Und doch ist die *polis*, der Stadtstaat, die Urzelle der modernen Demokratie. Der wahlfähige Bürger – wohlgemerkt noch nicht die Frau – regiert in einer Art Basisdemokratie an den Aufgaben der Stadt, der öffentlichen Fürsorge und als Laienrichter an den Gerichten mit. Das perikleische wie das sokratische Ideal definiert den guten Bürger als einen Menschen, der sein Haus und das Staatswesen gleichermaßen zu verwalten versteht. Der Mensch ist, wie Aristoteles es später formulieren wird, ein *zoon politikon*, ein politisches Lebewesen mit allen Fasern seiner Existenz.

Sokrates Lebenskurve fällt einerseits in die Blütezeit Athens, andererseits in deren beispiellosen Zerfall in den siebenundzwanzig Jahren des Peloponnesischen Krieges von 431 bis 404.

Wenn man nicht in Verwirrung geraten will, muss man sich die *zwei* gewaltigen Kriegsfronten klar machen, die das Schicksal Athens im fünften Jahrhundert zunächst siegreich, dann katastrophal bestimmen: In der ersten Hälfte des Jahrhunderts schweißt die gemeinsame Abwehr des Todfeindes Persien die konkurrierenden Stadtstaaten Athen und Sparta zusammen. Als in der Jahrhundertmitte, 449, die persische Gefahr gebannt ist, bricht im fast dreißigjährigen, von kurzen Waffenstillständen unterbrochenen, sogenannten Peloponnesischen Krieg der Konflikt zwischen Sparta und Athen aus. Er endet mit der totalen Niederlage und dem wirtschaftlichen Zusammenbruch Athens im Jahre 404.

Im Kampf gegen den persischen König Dareios und seinen Nachfolger Xerxes mit ihrer Hunderttausend-Mann-Armee gelingt es den griechischen Stadtstaaten, die Freiheit gegen die persische Gefahr zu verteidigen. Mit dem Friedensschluss mit Persien im Jahre 449 bricht, nach der Niederringung des gemeinsamen persischen Gegners, der Konflikt zwischen dem militärisch starken Sparta und der außenpolitisch ehrgeizigen „Großmacht“ Athen aus. Seit 462 kommt es zwischen Sparta und Athen wiederholt zu Kriegen. Im Jahr 446 einigen sich beide Seiten auf einen auf dreißig Jahre angelegten Frieden. Athen kann den Frieden dringend brauchen, denn die Perser haben Athen, vor allem die Akropolis, das über der Stadt gelegene Heiligtum der Göttin Athene, zerstört.

Doch der anvisierte dreißigjährige Frieden hält nicht. Es kommt wieder zum Krieg. In der ersten Phase des Peloponnesischen Krieges befehden sich Athen und Sparta zehn Jahre lang, von 431 bis 421. Auslöser, nicht Ursache, ist der „sittenwidrige“ Bündnisvertrag Athens mit der ursprünglich mit Sparta verbündeten Stadt Korkyra.

Auch der zweite Friede von 421, der sogenannte Nikias-Friede, trägt nicht. Alkibiades, der im Hause des Perikles aufgewachsene Nachwuchspolitiker und, wie wir bereits erwähnten, einer der früheren Lieblingsschüler des Sokrates, treibt Athen in ein Flottenabenteuer nach Sizilien, um der dortigen Stadt Segesta gegen das mit Sparta verbündete Syrakus beizustehen. Die athenische Flotte wird vernichtet. Alkibiades läuft zu den Spartanern über und wird im folgenden Chefberater der spartanischen Heeresführung im Kampf gegen Athen.

413 beginnen die Spartaner die zweite Phase des Peloponnesischen Krieges. Sie zwingen Athen in die Knie. Sie besetzen die mitten in Attika gelegene Festung Dekeleia, eine militärisch entscheidende Position. Den Bau einer großen spartanischen Flotte lässt Alkibiades ausgerechnet durch den früheren Feind Persien finanzieren.

Es ist ein wahrer militärischer und politischer Krimi, der sich hier abspielt. 406 legt die athenische Flotte bei den kleinasiatischen Arginuseninseln an. In Athen kommt es zu dem berühmten Arginusenprozess. Weil sie die in der Seeschlacht Gefallenen nicht begraben hatten, werden die verantwortlichen zehn Feldherren gegen geltendes Recht zum Tode verurteilt. Jetzt tritt Sokrates auf. Wie er in der *Apologie*, der Verteidigungsrede, 399 vor dem Gericht berichtet, ist er der einzige der an diesem Tag amtierenden Prytanen (Vorsitzende der Volksversammlung), der sich den aufgebrachten Athenern widersetzt, *damit ihr nichts gegen die Gesetze tun möchtet.*

Im Jahr 404 errichtet die Regierung der sogenannten Dreißig Tyrannen ein Terrorregime in Athen. Sie lässt 1500 Oppositionelle ermorden und den Besitz von 5000 Emigranten konfiszieren. Sokrates weigert sich gegen den Befehl, einen der Flüchtlinge, Leon aus Salamis, zur Hinrichtung auszuliefern. Sokrates erinnert sich: *Denn mich konnte jede Regierung, so gewaltig sie auch war, nicht so einschränken, dass ich etwas Unrechtes tat. Sondern als wir von der Tholos* (dem Regierungssitz – M. J.) *kamen, gingen die Viere nach Salamis und brachten den Leon; ich aber ging meines Weges nach Hause. Vielleicht hätte ich deshalb sterben gemusst, wenn nicht jene Regierung kurz darauf wäre aufgelöst worden. Dies werden euch sehr viele bezeugen können (Apologie).*

Sokrates konnte weder das schwere Justizverbrechen an den Feldherren verhindern, die hingerichtet wurden, noch die Exekution des Exilanten Leon. Doch er leistete auf seine Art Widerstand. Was für ein mutiger Philosoph!

Sokrates selbst kämpft als Hoplit, also als „Infanterist", der seine militärische Ausstattung, Harnisch, Beinschienen, Helm, Lanze, Schwert und Rundschild, selbst finanziert. An drei Feldzügen gegen die Spartaner nimmt der Fußkämpfer Sokrates teil, an der Belagerung von Potideia (431–429) und an den Schlachten bei Delion 424 und Amphipolis 422. In Potideia rettet er dem verwundeten Alkibiades das Leben. Als dieser ihn für eine militärische Auszeichnung vorschlägt, lehnt Sokrates ab. In Delion schließt er sich nach der athenischen Niederlage nicht der kopflosen Flucht der Militärkameraden an. Er zieht sich vielmehr furchtlos, nach allen Seiten sichernd, zusammen mit dem Feldherrn Laches zurück. Laches berichtet: *Denn bei der Flucht von Delion ging er mit mir zurück, und ich versichere …, wenn die Übrigen sich hätten so beweisen wollen, unsere Stadt wäre damals bei Ehren geblieben und hätte nicht einen so schmählichen Sturz erlitten* (*Platon, Laches*).

Man muss diesen politischen Hintergrund kennen, um den Prozess gegen Sokrates und die aufgebrachte öffentliche Stimmungslage im Jahr 399 nachvollziehen zu können. Das Ende des fünften Jahrhunderts beschert Athen die politische Katastrophe. Kritische, angeblich „zersetzende" Geister wie Sokrates treffen den blanken Nerv der Herrschenden. Dem Glanz der damaligen Weltmetropole Athen ist ihr Sturz gefolgt, dem Glanz der griechischen Aufklärung folgt ihre Verunsicherung. Warum das?

Die alte griechische Welt, wie wir sie noch von den Göttern Homers kennen, ruhte im Sakralen, in der mythologischen Tradition, im religiösen Universum. In der zweiten Hälfte des fünften Jahrhunderts treten die Sophisten in der glanzvollen Geisteswelt Athens auf. Sie sind kritisch und weltlich geprägt, liberal gesinnte Humanisten, meist Skeptiker und Pragmatiker von hoher intellektueller Schulung. Sie lehren eine Abkehr der Philosophie von ihrer früheren spekulativen und kosmologischen Ausrichtung. *Der Mensch*, so sagt der berühmte Sophist Protagoras, *ist das Maß aller Dinge*. Protagoras sagt: *Über die Götter vermag ich nichts zu wissen, weder dass sie existieren, noch dass sie nicht existieren, noch welcher Gestalt sie sind; denn vieles gibt es, was mich daran hindert – die Dunkelheit des Gegenstandes und die Kürze des menschlichen Lebens.* Kritias, ein anderer Sophist, hält die Götter für Erfindungen, um die Menschen einzuschüchtern und zu guten Handlungen zu zwingen.

Die Philosophie der Sophisten wird heute noch gerne als Gesinnungslosigkeit denunziert. So einfach ist es aber nicht. Sokrates selbst steht in der Tradition der Sophisten, der Weisheitslehrer. Grob formuliert, unternahmen die Sophisten etwas Ähnliches, was die fortschrittlichen Denker seit dem Ende des scholastischen Mittelalters von Galilei über Voltaire bis Immanuel Kant taten. Sie setzten an die Stelle des blinden Gehorsams gegenüber religiösen Autoritäten die Mündigkeit des Menschen, seine Selbstbestimmung und Orientierung in der Welt. Das systematische Misstrauen der Sophisten befreit das Denken von Vorurteilen, öffnet den Blick auf die Relativität und Formbarkeit menschlicher Werte und Sitten und setzt auf die nahezu unbegrenzte Bildungsfähigkeit des Menschen.

Ohne den sophistischen Reformanspruch wäre die *Paideia*, das klassische griechische Erziehungs- und Bildungssystem, nicht zu denken. Es umfasste Gymnastik, Grammatik, Rhetorik, Poesie, Musik, Mathematik, Geografie, Naturgeschichte, Astronomie und Physik, Geschichte der Wissenschaften, Ethik und Philosophie. Romano Guardini urteilte in seinem Standardwerk *Der Tod des Sokrates* zunächst durchaus positiv: *Protagoras und Gorgias sind die großen Vertreter dieser Richtung. Sie stellen die subjektiven und praktischen Bedürfnisse des Menschen in den Vordergrund und unterziehen die traditionellen Wertungen auf dem Gebiet der Theorie, der Wahrheit, der Moral, der Politik und der Religion einer strengen Kritik, die deutliche Züge einer Aufklärung trägt. Der Schwerpunkt des Interesses verlagert sich von der Erkenntnis der Natur zur Ergründung des Wesens des Menschen.*

So weit so gut. Die griechische Tradition erfährt jedoch durch den sophistischen Relativismus auch einen wesentlichen Bruch. Die Aufklärung wirft, nicht anders als heute, einen Schatten. Heute sprechen die Kritiker der sogenannten *Postmoderne* von der Unverbindlichkeit der Aufklärung, ihrem Mangel an Normativem, an sittlichen Wertsetzungen und Verbindlichkeit. Den postmodernen Relativismus charakterisierte der Philosoph Paul Feyerabend schon vor Jahrzehnten mit dem schillernden Slogan *anything goes*, *alles geht*. Ist aber wirklich alles erlaubt, ist tatsächlich alles wünschenswert? Just in dieses moralische Dilemma gerieten auch die Sophisten. Je radikaler ihr Skeptizismus gegenüber allen Werten wurde, desto stärker verfielen sie in eine Position des Opportunismus. Für teures Geld brachten sophistische Wanderlehrer ihren athenischen Schülern bei, wie man, im Sinne einer schlechten Dialektik, die Argumente so konstruierte, dass das Pro und Kontra einer Sache gleichermaßen zu verteidigen war. Die sophistische Lehre verkam zu einer Technik, einer skrupellosen Erfolgsmethode. Man sprach von Sophisten, wie man heute abschätzig von *Winkeladvokaten* und *Rechtsverdrehern* redet.

So beschaffen ist die philosophische Arena, die Sokrates betritt. Er selbst ist skeptisch und individualistisch wie ein Sophist, aber im Unterschied zu diesen ist Sokrates getrieben von intellektueller Redlichkeit und moralischer Integrität. Er verlangt kein Geld für seine Lehrtätigkeit. Er verabscheut die Erfolgsrezepte der Sophisten und ihre Auffassung, dass alle moralischen Maßstäbe lediglich Konventionen seien. Sokrates verzehrt sich in seiner Leidenschaft für die Wahrheit. Er ist mehrfach bereit, für sie in den Tod zu gehen. Ihn treibt das delphische Motto: „Erkenne dich selbst" an. *Ein Leben ohne Selbsterforschung*, bekennt er in der *Apologie*, *verdient gar nicht gelebt zu werden*.

Wenn die Ankläger im Prozess Sokrates einen Sophisten nennen, so tun sie ihm Unrecht. Sokrates teilt zwar das sophistische Bohren und In-Frage-Stellen, aber er befreit, rücksichtslos gegen gesellschaftliche Autoritäten und finanzielle Vorteile, das Denken zu sich selbst.

In der Krise der frühgriechischen Aufklärung und des athenischen Stadtstaates geschah, wie Karl Jaspers rühmt, etwas Existenzielles mit ihm: *In Sokrates muss eines Tages eine Umwendung sich vollzogen haben. Als er die Naturphilosophie in ihrer Belanglosigkeit für die ernsten Fragen erkannte, als er in der Sophistik die Zersetzung begriff, da wusste er das Wahre nicht als ein bestimmtes Anderes. Aber er wurde ergriffen von dem Bewusstsein seines Berufes, eines göttlichen Auftrags. Dieses Berufes gewiss, wie die Propheten, hatte er doch nichts zu verkünden wie sie. Kein Gott hat ihn beauftragt, den Menschen zu sagen, was er ihnen befahl. Er hatte nichts als den Auftrag, zu suchen mit den Menschen, selber ein Mensch. Er soll unerbittlich fragen, aus jedem Versteck aufscheuchen. Er soll keinen Glauben verlangen an irgendetwas oder an ihn selbst, aber er soll Denken verlangen, Fragen und Prüfen. Er soll den Menschen damit auf sich selbst stellen. Da aber dieses Selbst nur im Erkennen des Wahren und Guten liegt, ist er der selbst, dem solches Denken ernst ist, der vor der Wahrheit sich bestimmen lassen will.*

Das Verdienst des Denkers Sokrates ist, sagt Goethe in seinen *Maximen und Reflexionen* (658), dass er *nicht zu leerer Spekulation, sondern zum Leben und zur Tat auffordert.*

*

Sokrates hatte eine feste und demokratische Gesinnung, wie sein Widerstand gegen die Leute des Kritias beweist, die ihm befahlen, ihnen den reichen Leon aus Salamis zur Hinrichtung auszuliefern. Doch auch für die Freilassung der zehn Feldherren stimmte er als einziger. Und die Möglichkeit, aus dem Gefängnis zu fliehen, wollte er nicht wahrnehmen. Die um ihn jammerten, schalt er aus und trug ihnen im gefesselten Zustand seine faszinierenden Überlegungen vor.

Diogenes Laertios,
Buch 2, 24

Sokrates gießt kein fertiges Wissen
in den leeren Kopf eines Schülers ... Durch
Ironie und dadurch, daß er den Schüler
in Widersprüchlichkeiten verwickelt
und ihn dazu anhält, differenziert
zu denken, führt er ihn zu sich
selbst (Erkenne dich selbst!),
damit er seine Seele befreie und
sie wieder auf das Gute hin orientiere.

Dominique Folscheid,
Philosophie im Überblick.
Von den Vorsokratikern bis zur Gegenwart

Revolution des Denkens

Er hat nach Reinheit der Begriffe gedürstet, mit derselben Inbrunst, mit der ein mystischer Schwärmer nach der Vereinigung mit der Gottheit lechzt. Von ihm ist ein Impuls ausgegangen, der zahlreiche Schulen … von Moralphilosophen erweckt hat, die für ungezählte Myriaden der Gebildeten ein Ersatz für die dahinschwindende Volksreligion geworden sind. Diesem ungeheuren geschichtlichen Phänomen gerecht zu werden, das ist eine der wichtigsten Aufgaben, mit denen dieses Werk sich zu beschäftigen hat.

Theodor Gompertz
Griechische Denker

Sokrates war von der Erkenntnis, denkend das Gute zu suchen und zu leben, besessen. Mit Friedrich Nietzsche (*Die Unschuld des*

NICHT
STÖREN
SOKRATES
DENKT!

Werdens) könnte er sagen: *Wenn Denken dein Schicksal ist, so opfere ihm das Beste.* Der Lebensphilosoph Nietzsche hat einmal die sogenannten wertfreien Wissenschaftler als Lebenstöter und Feiglinge kritisiert: *Sie sind kalt, diese Gelehrten. Dass ein Blitz in ihre Speisen schlüge und ihre Mäuler lehrten, Feuer zu fressen.* Nietzsche spricht vom *Biber- und Ameisengeist des Gelehrten* und spottete: *Der Gelehrte hat immer etwas von der alten Jungfer (Zur Genealogie der Moral).* Nietzsches geistiger Vater Arthur Schopenhauer beantwortete die Frage *Was macht eigentlich den Philosophen aus?* mit der Antwort: *Den Mut, keine Frage auf seinem Herzen zu behalten. Nicht die peinlichste, nicht die intimste, nicht die kindischste oder lächerlichste.* Exakt das tut Sokrates.

Wie besessen Sokrates von der denkerischen Autonomie des Menschen war, wird aus einem Bericht Platons deutlich. In dem Dialog *Symposion*, dem Gastmahl, erzählt Platon eine der schnurrigsten Denkanekdoten europäischer Geistesgeschichte, aus der Militäretappe wohlgemerkt. Da heißt es: *Es war Sokrates etwas eingefallen und er stand nachsinnend darüber von morgens an auf einer Stelle, und da es ihm nicht voranging, ließ er nicht nach, sondern blieb immer forschend stehen. Dann wurde es Mittag, die Leute merkten es und erzählten verwundert einer dem anderen, dass Sokrates von morgens an über etwas nachsinnend dastände. Endlich, als es Abend war, trugen einige Ionier, denn damals war es Sommer, ihre Schlafdecken hinaus, teils um im Kühlen zu schlafen, teils um auf Sokrates Acht zu geben, ob er auch über die Nacht dastehen würde. Und er blieb stehen, bis es Morgen ward und die Sonne aufging. Dann verrichtete er noch ein Gebet für die Sonne und ging fort.* Sokrates denkt. Bitte nicht stören!

Apropos Platon. Wir müssen, wenn wir die Revolution des Denkens durch Sokrates betrachten, immer berücksichtigen, dass der Hauptberichterstatter der sokratischen Auftritte, Dialoge und Fragen Platon war. Er hat vor allem das Bild des Sokrates überliefert. Platon und Sokrates sind nicht identisch in ihrem Philosophieren, auch wenn Platon in vielen Facetten seines Werkes Sokrates folgt. Platon hat jedoch spekulativere, religiösere, metaphysischere und erkenntnistheoretische Züge in seiner Philosophie. Diese unterlegt er zum Teil wie eine Folie der Figur des Sokrates. Ganz werden wir den eigentlichen Sokrates daher nie aus den von Platon verfassten Dialogen herauspräparieren können. Er ist gleichsam eine Legierung, eine Verschmelzung mit seinem Nachdenker eingegangen. Die Sokrates-Philologie geht heute in eine gewisse interpretative Distanz zur platonischen Verklärung und „Verpriesterlichung" des Sokrates.

Der echte Sokrates ist sicher Moralphilosoph und Ethiker, nicht aber ein Erkenntnistheoretiker und Metaphysiker, als den ihn Platon darstellt. Die Lehre von den an sich und vor den Dingen bestehenden Ideen (Die Idee der Stuhl-heit) und einem vorgeburtlichen Wissen der Seele dürfte eher platonisch sein, ebenso wie das Konzept einer dreifach gegliederten Seele. Vor solchen dogmatischen Festlegungen mag sich der historische Sokrates in seiner Demut (*Ich weiß, dass ich nichts weiß*) gescheut haben.

Weiter vertritt Platon eine elitäre Konzeption der Philosophie. Er bestimmt die Philosophen in seinem Politikwerk *Politeia* als Staatsführer. Er favorisiert die aristokratische Regierungsform und lehnt die Demokratie als pöbelhaft ab. Sokrates selbst neigt wohl deutlich der demokratischen Athener Ordnung und ihrer Denk- und Redefreiheit zu. Während der platonisch stilisierte Sokrates einer mystischen Frömmigkeit huldigt, favorisiert der echte Sokrates stärker (nicht ausschließlich) einen Philosophengott, der identisch ist mit der Vernunft und dem Guten im Menschen. Hans-Georg Gadamer bringt in seinem Aufsatz *Platon als Portraitist* das Problem bündig auf den Begriff: *Es gibt nur Idealportraits.*

Zurück zu Sokrates: Das Revolutionäre seines Denkens besteht in der Abkehr von den doktrinären Definitionen von Begriffen. Er entwickelt die Begriffe vielmehr aus der lebendigen Betrachtung und im streitbaren Dialog. Erstmalig leistet der Philosoph Sokrates eine handwerklich präzise Arbeit der Begriffsbildung. Außerdem lässt er sich von einer radikal-ethischen Verpflichtung leiten. Sokrates geht es nicht um Denkspielereien, sondern um die fundamentale Bedeutung der Begriffe für unsere gute Lebensführung. Für Sokrates ist die Wahrheit kommunikativ, das heißt, sie entsteht immer zwischen mindestens zwei Menschen, im Prozess. Wahrheitsfindung ist

Knochenarbeit. Sie ist geistige Auseinandersetzung, bei der man sich schwer in die Haare geraten kann. Vor allem aber ist die Wahrheit kein exklusiver Besitz geistiger Eliten. Sie wohnt in dir und mir, allerdings meist unter einem Berg von Oberflächlichkeit, Verdrängungen und Voreingenommenheit verborgen. Jeder Mensch, ausnahmslos jeder Mensch, ist nach Sokrates denkbegabt. Jeder trägt den göttlichen Funken der *Sophia*, der Weisheit, in sich. Das ist das radikal-demokratische Element in Sokrates Philosophie. Er egalisiert das Denken, ohne dabei dessen unerbittlichen Anspruch aufzugeben.

Sehen wir uns ein Beispiel an. In dem Dialog *Euthyphron* versucht Sokrates, der selbst von dem Ankläger Meletos zu diesem Zeitpunkt wegen des Vorwurfs der Gottlosigkeit vor Gericht gezerrt wird, mit Euthyphron die Frage nach dem Wesen der Frömmigkeit zu klären.

SOKRATES: *Über dieses Wesensbild* (der Frömmigkeit – M. J.) *selbst belehre mich also, worin ihr Wesen bestehe, damit ich darauf meinen Blick richte und es als Muster benutzen könne (...)*

Euthyphron: *Das also ist das Fromme, was den Göttern lieb ist; was ihnen aber nicht lieb ist, das Unfromme.*

Sokrates: *Vortrefflich, Euthyphron! So, wie ich dich bat, dass du mir antworten mögest, hast du mir nun geantwortet; ob allerdings richtig, das weiß ich noch nicht. Aber es ist ja klar, dass du mir noch auseinandersetzen wirst, inwiefern das wahr ist, was du sagst.*

Sokrates gibt sich nicht zufrieden. Ist wirklich fromm das, was die Götter lieben? Lieben denn alle Götter das Gleiche? Hassen alle Götter das Gleiche? Keineswegs. Die griechischen Mythen erzählen ja ununterbrochen vom Streit zwischen den Göttern. Ja, es gibt sogar Eris, die Göttin des Streites. Der Streit der Götter kann, da es Götter sind, doch nur Grundsätzliches betreffen, also etwa, was das Gerechte oder Ungerechte, Schöne oder Hässliche an sich sei. Wie kann der Mensch da noch durchblicken?

Sokrates: *Ist es also nicht so, dass jeder von ihnen (den Göttern – M. J.) das, was er für gut und gerecht hält, auch liebt, das Gegenteil aber hasst?*

Euthyphron: *Durchaus.*

Sokrates: *Nun halten aber doch das Nämliche, wie du sagst, die einen für gerecht, die anderen für ungerecht; und indem sie sich darin widersprechen, entzweien sie sich und bekriegen sich untereinander. Ist es nicht so?*

Euthyphron: *So ist es.*

Sokrates: *Das Nämliche scheint also von den Göttern gehasst und geliebt zu werden – danach wäre das Nämliche sowohl den Göttern verhasst als auch den Göttern lieb?*

Euthyphron: *So scheint es.*

Sokrates: *So wäre nach dieser Rede das Fromme und Unfromme das Nämliche, Euthyphron!*

Euthyphron: *So verhält es sich.*

Mit dieser Bestimmung der Frömmigkeit ist also auch kein Staat zu machen. Auch heute nicht: Ob es die Priester von Sparta und Athen oder die Pastoren von Hitlerdeutschland und die orthodoxen Popen im Russland Stalins waren, sie beschworen bei der Generalmobilmachung „ihren“ Gott und segneten die Waffen für die gute Sache gegen den bösen Feind. Wo bleibt hier der philosophische Begriff der rechten Frömmigkeit und der Gerechtigkeit?

Sokrates lässt nicht locker. Wenig später setzt er die dialektische Zange von neuem an. (Ich verkürze dabei, der besseren Verständlichkeit halber, den Dialog und füge in Klammern notwendige Verdeutlichungen bei.)

SOKRATES: *Wird das Fromme von den Göttern geliebt, weil es (in sich selbst) fromm ist oder ist es fromm, weil es geliebt wird?*

Das Gespräch treibt dem Entscheidungspunkt zu. Denn jetzt gilt es begrifflich sauber auseinanderzuhalten. Der Satz *das Fromme ist das und das* ist eine Wesensaussage, der Satz *das wird geliebt* jedoch eine Tatsachenaussage. Sokrates selbst stellt den Sachverhalt richtig, wenn er sagt:

Weil es ... fromm ist, wird es geliebt; nicht aber ist es fromm, weil es geliebt wird.

EUTHYPHRON: *Es scheint so.*
SOKRATES: *Dass (hingegen) etwas von den Göttern geliebt wird, (bedingt nur, dass) es ein Geliebtes und (zwar) den Göttern lieb ist.*
EUTHYPHRON: *Wie auch nicht?*

SOKRATES: *Nicht also, dass den Göttern Liebe ist (als solches) fromm, Euthyphron, noch das Fromme den Göttern lieb (und deshalb fromm), wie du sagst, sondern die eine (Bedeutung) ist von der anderen verschieden.*

EUTHYPHRON: *Wieso denn, Sokrates?*

SOKRATES: *Weil wir doch erklären, das Fromme werde darum geliebt, weil es (in sich) fromm ist, nicht aber sei es deswegen fromm, weil es geliebt wird, ist es nicht so? ... Wenn es dir nun recht ist, verberge es mir nicht, sondern sage mir abermals von Anfang an, was denn das Wesen des Frommen sei, (damit wir feststellen können), dass es (um dieses Wesens willen) von den Göttern geliebt wird ... sage mir also freimütig: Was ist das Fromme und was das Unfromme (in sich selbst)?*

EUTHYPHRON: *Ich weiß doch nicht, Sokrates, wie ich dir das sagen soll, was ich im Sinn habe. Denn was wir zu Stande bringen, läuft uns irgendwie im Kreise herum und will dort, wo wir ihm seinen Stand angewiesen haben, nicht bleiben.*

Der arme Euthyphron ist am Ende seiner logischen Kräfte und voller Verwirrung. Sokrates führt seinen Gesprächspartner in dem langen Dialog von einer *Aporie*, d.h. einer Ausweglosigkeit, in die andere. Das aporetische Denken, das Stehenlassen von Widersprüchen und der Unbeantwortbarkeit mancher Fragen, ist keine geistige Koketterie, sondern es entspricht der Verantwortung des Philosophen, mit Kant zu sprechen, die *Bedingungen der Möglichkeit der Erkenntnis* zu reflektieren, das Nichterkennbare demütig zu respektieren und Antimonien bestehen zu lassen.

Was sind Antimonien? Es sind Gegengesetzlichkeiten, die real existieren. Nehmen wir einmal das hohe Rechtsgut des Grundgesetzes *die Würde des Menschen ist unantastbar* und auf der anderen Seite die *Pressefreiheit*. Hier werden immer wieder das Schutzbedürfnis des Individuums mit dem Wissensbedarf der Öffentlichkeit, sprich der Pressefreiheit, kollidieren. Wenn zum Beispiel ein so skandalträchtiger Aristokrat wie der Welfenprinz August von Hannover auf der Expo 2000 gegen den Pavillon der Türkei pinkelt, so ist dies zwar sicherlich eine private Notdurft, aber die Öffentlichkeit hat andererseits ein Recht darauf zu erfahren, was der *Prügelprinz* nun schon wieder anstellt.

Umgekehrt muss sich eine Stephanie von Monaco nicht gefallen lassen, dass Papparazzi ihre Kinder mit Teleobjektiv verfolgen. Sie darf sich erfolgreich gegen die fahrlässige Gerüchtebildung eines sensationsgeilen Burda-Blattes wehren.

Zwischen beiden Rechtsgütern, dem Persönlichkeitsrecht und der Pressefreiheit, wird immer eine antinomische Spannung bestehen bleiben. Hier steht Rechtsgut gegen Rechtsgut, juristischer Schutz gegen juristischen Schutz. Je nachdem, welchem Rechtsgut wir persönlich stärker zuneigen, desto unzufriedener werden wir mit mancher höchstrichterlichen Entscheidung sein. Oder ein anderes Beispiel: Dem politischen Wunsch etwa, den ehemaligen Stasifunktionären die Rente abzuerkennen, steht das hohe Rechtsgut der Solidarversicherung entgegen. Das Rentenrecht, die Altersversorgung, für die ein Beitragszahler ein Leben lang gezahlt hat, darf nicht zum Instrument der politischen Strafverfolgung umgebogen werden.

Noch einmal zu Sokrates zurück. Der große Ironiker hält seinen Euthyphron wie ein Wadenbeißer zwischen den Zähnen. Nun zwackt er ihn mit der Frage nach dem Zusammenhang von Frömmigkeit und Götterdienst:

SOKRATES: *Wie bestimmst du das Fromme und die Frömmigkeit selbst? Wahrscheinlich wohl als ein Wissen von Opfern und Beten? Heißt nun nicht opfern, dass man den Göttern etwas schenke, beten aber, dass man die Götter um etwas bitte?*

EUTHYPHRON: *Durchaus, Sokrates.*

SOKRATES: *Die Frömmigkeit ist also nach dieser Darlegung ein Wissen, wie man die Götter um etwas bittet und wie man ihnen etwas schenkt?*

EUTHYPHRON: *Du hast ganz richtig verstanden, was ich sagte, Sokrates.*

SOKRATES: *Besteht nun das rechte Bitten nicht darin, dass wir sie um das bitten, wessen wir von ihrer Seite bedürfen?*

EUTHYPHRON: *Worin sonst?*

SOKRATES: *Und (besteht) andererseits nicht das rechte Geben darin, dass wir ihnen als Gegengabe das reichen, dessen sie von unserer Seite bedürfen? Denn es ist doch wohl nicht verständig, wenn der Gebende jemandem das schenkt, dessen er gar nicht bedarf.*

EUTHYPHRON: *Du redest wahr, Sokrates.*

Sokrates: *So wäre also die Frömmigkeit, Euthyphron, eine Art Kaufmannskunst zwischen Göttern und Menschen?*

Nun ist das geistige Chaos komplett. Euthyphron macht sich auf die Socken: *Ein anderes Mal denn, o Sokrates, denn jetzt eile ich wohin, denn es ist Zeit, dass ich gehe.*

Sokrates belässt es hier, wie in vielen anderen Dialogen, bei der Problematisierung des Begriffes der Frömmigkeit. Das ist paradox, *para doxan*, gegen die Meinung der Mehrheit, die zu wissen meint, was fromm und gottgefällig, was Opfern und Beten ist. Dagegen setzt Sokrates das Nichtwissen und die Ironie. Zum Unterschied von allen Fundamentalisten, Sophisten und Inquisitoren dieser Welt, die auf alles eine Antwort wissen, kennt Sokrates oft gar keine Antwort. Er benutzt den Widerspruch als Motor des Fragens. Er will eine Untersuchung in Gang bringen und auf das rechte Tun orientieren.

Wie witzig ist unser Mann dabei. Euthyphron ruft er die scherzenden Worte nach: *Was tust du doch, Freund! Du gehst und wirfst mich von der großen Hoffnung herab, die ich hatte, teils der Anklage des Meletos, von dir über das Fromme und Ruchlose belehrt, glücklich zu entkommen, wenn ich ihm beweisen könnte, dass ich nun schon vom Euthyphron weise gemacht wäre in göttlichen Dingen und nicht mehr aus Unwissenheit auf meine eigene Weise grübelte oder Neuerungen suchte, teils aber auch mein übriges Leben würdiger zu verleben.*

In der Fähigkeit des Sokrates, im Zwiegespräch durch geschicktes Fragen die Wahrheit gemeinsam zu suchen, besteht die sokratische Methode. Wenn Sokrates den athenischen Bürger nach dem Guten fragt, fordert er ihn zum prüfenden Selbstzweifel auf. Jeder einzelne Mensch hat das Recht, aber auch die Pflicht zu dieser Prüfung. Sokrates vertraut auf seine eigene Vernunft, das *daimonion*, die göttliche Stimme, die er in sich spürt. Man darf in dem *daimonion* des Sokrates ein Göttliches oder auch die Norm des Gewissens als letzte Instanz vermuten.

Nur über die sprachliche Auseinandersetzung führt die sokratische Philosophie zur Weisheit, durch Frage und rationale Argumentation. Die geistige Gestalt des Dialoges ist grundsätzlich nicht geschlossen, sondern entlässt den Leser mit einem weitertreibenden Impuls. Der Mensch ist sich selbst als Fragender aufgegeben. Dem Individuum obliegt die Lust und die Last der Wahrheitsfindung. Bei Sokrates klingt das nüchtern: *Denn … schon immer habe ich ja das an mir, dass ich nichts anderem von mir gehorche als dem Satze* (logos – M. J.), *der sich bei mir bei der Untersuchung als der Beste zeigt.*

Darin jedoch liegt das entscheidend Neue: Keine Religion, kein Staat und keine Gemeinschaft kann mir letztlich das Denken und die moralische Entscheidung abnehmen. Das macht natürlich Angst. Das lässt die Menschen aus Jahrtausende alten Bindungen fallen. Das ist Aufklärung. Das ist der Neubeginn im Denken der Menschheit, eine Epochenzäsur, ähnlich wie der erste Schritt amerikanischer Astronauten auf dem Mond. Der Mensch erobert sich mit all der Ängstlichkeit seines Herzens und den ungelösten Fragen seinen eigenen moralischen Kosmos. Kein Priester, kein Seher, keine tradierte Moral stehen ihm bei. Der Mensch wird *autonom*, das heißt selbst Gesetze setzend. Die geschichtliche Bedeutung des Sokrates liegt denn auch nach Hegel darin, dass hier zum ersten Mal in der Geschichte des Geistes das Individuum sein eigenes Recht erkennt. Hegel nennt Sokrates eine *welthistorische Person*.

In der Wissenschaft nennt man einen solchen revolutionären Bruch einen *Paradigmenwechsel*, von altgriechisch *paradeigma*, Beispiel, Muster, Vorbild. Nach einem solchen Vorbildwechsel ist es nicht mehr möglich, die Welt durch die alte Brille anzuschauen. Der Mensch gewinnt eine völlig neue Sicht. Immanuel Kant wird zweieinhalb Jahrtausende später das Neue, das Grandiose, aber auch das Angstmachende dieser sokratischen Aufklärungsphilosophie mit den Worten übernehmen: *Der Gerichtshof ist im Innern des Menschen aufgeschlagen*.

Das ist ein ungeheuerlicher Satz. Er dröhnt in den Ohren. Ich erlebe es als Psychotherapeut oft in der Sitzung mit einem Hilfe Suchenden, wie da die Bannbotschaften der Mutter, des Vaters, der Geschwister, der Schule oder der Kinderreligion erdrückend gegenwärtig sind. Oft lebt so eine Frau, so ein Mann gar nicht mehr aus sich. Oft kommen die Menschen zum Therapeuten, um die Erlaubnis zum Leben zu bekommen. Der Patient spricht von *Unmoral*, wo es um seine *Lebendigkeit* geht. Die Patientin spricht vom *Ehebruch*, wo sie zum ersten Mal in ihrem Leben die *Liebe* entdeckt hat. Wir alle leben in einem Weltbild der Zwänge, das von anderen Menschen errichtet wurde. Meist haben diese Zwangsbotschaften nichts mit unserer inneren Wahrheit zu tun.

Das Denken wird bei Sokrates zum Ereignis. Es ist Lebenshilfe. Die Philosophin Hannah Arendt formuliert es so: *Der Sinn von Sokrates Tun lag in diesem selbst. Oder anders gesagt: Denken und völlig lebendig sein ist dasselbe, daraus folgt, dass das Denken immer wieder neu anfangen muss; es ist eine Tätigkeit, die das Leben begleitet und sich mit Begriffen wie Gerechtigkeit, Glück, Tugend beschäftigt, die uns die Sprache selbst als Ausdruck für den Sinn all dessen bietet, was im Leben geschieht und uns zustößt, dieweil wir leben.*

Man verspottet Sokrates als einen *Gutmenschen*. Man charakterisiert ihn als einen penetranten Moraltrompeter. Man bezeichnet ihn als Verfechter einer naiven, intellektualistischen Ethik, nach der der Mensch, sobald er um das Gute wisse, prompt auch gut handele. Natürlich ist in diesen Kritiken auch eine Prise Wahrheit enthalten. Sokrates hat kein Monopol auf die einzige philosophische Wahrheit. Ein Denker wie Marx hat auf die materiellen Interessen hinter den gesellschaftlichen Idealen verwiesen. Der Manchester-Liberalismus der britischen Industriellen des 19. Jahrhunderts, so kritisierte Marx zum Beispiel scharf, propagierte die Freiheit, meinte indes den Freihandel nach draußen und die schrankenlose Freiheit der Ausbeutung der Arbeiter und ihrer Kinder nach innen. Ein Freud wiederum öffnete uns die Augen für die Triebstruktur hinter den menschlichen Idealbildungen. Sein geistiger Vorgänger Nietzsche hatte bereits drastischer die Hörigkeit des Geistes diagnostiziert: *Der Intellekt ist ein Knecht des Willens.*

Das alles kann jedoch nicht darüber hinwegtäuschen, dass Sokrates wie kein anderer Denker der Weltgeschichte den Menschen zur Erkenntnis der Tugend aufrüttelt. Wenn Sokrates sagt, *Unrecht zu leiden ist besser als Unrecht zu tun*, so ist dies keine frömmelnde Phraseologie oder blutleere Theorie, sondern gelebte

Praxis. Sokrates lebt bedürfnislos und geht für die Wahrheit, ohne mit der Wimper zu zucken, in den Tod.

Von Sokrates hat das abendländische Denken die Moral der verantwortungsvollen, die Widersprüche reflektierenden Begrifflichkeit gelernt. An diesem Anspruch muss sich die Diskussion der Menschheitsfragen von heute messen lassen. Der Sohn der Hebamme Phainarete macht uns dabei auch Mut, indem er uns die *Mäeutik*, die *Hebammenkunst* der Gedankenentbindung, lehrt. Im Dialog *Theaitetos* führt Sokrates ebenso bescheiden wie geistreich aus: *Von meiner Hebammenkunst nun gilt übrigens alles was von der ihrigen; sie unterscheidet sich aber dadurch, dass sie Männern die Geburtshilfe leistet und nicht Frauen, und dass sie für ihre gebärenden Seelen Sorge trägt, und nicht für Leiber. Das Größte aber an unserer Kunst ist dieses, dass sie im Stande ist zu prüfen, ob die Seele des Jünglings Missgestaltetes und Falsches zu gebären im Begriff ist; oder Gebildetes und Echtes.*

Kleiner Einspruch, lieber Sokrates: Frauen sind genauso intelligent wie Männer. Sie brauchen ebenso geistige Geburtshilfe wie deine hübschen Kerle!

Sokrates definiert seine demütige Hebammenkunst so: *Ja, auch hierin geht es mir eben wie den Hebammen, ich gebäre nichts von Weisheit, und was mir bereits viele vorgeworfen, dass ich andere zwar fragte, aber selbst nichts über irgendetwas antwortete, weil ich nämlich nichts Kluges wüsste zu antworten, darin haben sie Recht. Die Ursache aber davon ist diese, Geburtshilfe leisten nötigt mich der Gott, Erzeugen aber hat er mir gewehrt.*

Daher bin ich selbst keineswegs etwa weise, habe auch nichts dergleichen aufzuzeigen als Ausgeburt meiner eigenen Seele. Die aber mit mir umgehen, zeigen sich zuerst zwar zum Teil erst sehr ungelehrig; hernach aber bei fortgesetztem Umfang alle, denen es der Gott vergönnt, wunderbar schnell fortschreitend ...; und dieses offenbar, ohne jemals irgendetwas von mir gelernt zu haben, sondern nur selbst aus sich selbst entdecken sie viel Schönes und halten es fest; die Geburtshilfe indes leisten dabei der Gott und ich.

Sokrates ist ein Erkenntnisoptimist und ein radikaler Demokrat. Der Lehrer, so sagt er, trichtert dem Schüler kein fremdes Wissen ein. Er holt vielmehr dessen ungeborene Vernunft im Kreißaal des Wissens an das Tageslicht der Vernunft. Wir sind Wissende, so könnte das sokratische Paradoxon lauten, und wissen es doch oft noch nicht.

*

Oftmals sei er, wenn er bei den Disputationen zu heftig wurde, mit Fäusten traktiert oder an den Haaren gezerrt, meist jedoch verlacht und verhöhnt worden, habe aber alles geduldig ertragen. Daher habe er denn, als jemand sich über seine gelassene Reaktion auf einen Fußtritt wunderte, gesagt: „Hätte ich einen Esel, wenn er mich getreten, vor Gericht gezogen?" So weit Demetrios.

Diogenes Laertios,
Buch 2, 21

Der Begriff von der „wertfreien" Wissenschaft ist äußerst bedenklich ... Die Proklamation der Wertfreiheit hat nicht nur zu einer Art emotionalen Anästhesie in der Forschung geführt, sondern zur prinzipiellen Spaltung zwischen Wissenschaft und Ethik, was die letztere zur Privatsache macht ...

Carola Meier-Seethaler,
Gefühl und Urteilskraft.
Ein Plädoyer für die emotionale Vernunft

Moral und Wissen

Die Entwicklung der apparativen Medizin und des modernen Krankenhauswesens und das heutige Medizinverständnis stehen unter dem Gesetz der Kosten-Nutzen-Opitimierung, dem Glauben an die Allmacht positivistischer Wissenschaft und damit unter dem Fantasma der Verleugnung von Leiden, Sterben und Tod ... Kritische Thanatotherapie (helfende Sterbebegleitung – M. J.) *bedeutet deshalb, engagiert einzutreten, wo Humanität zerstört wird, das heißt aber, wo menschliches Leben und menschliche Würde bedroht wird ... Die Arbeit an der Grenze des Lebens führt in die Nachdenklichkeit über die condition humaines et inhumaines.*

Hilarion Petzold,
in: Ina Rösing/Hilarion Petzold
Die Begleitung Sterbender. Theorie und Praxis der Thanatotherapie

„Saubere Energie? Klären wir erst mal den Begriff Sauberkeit."

Für den Aufklärer Sokrates besteht das menschliche Gutsein im Wissen. Unrechttun basiert auf Unwissen, mangelnder intellektueller und existenzieller Vergegenwärtigung eines Problems. Moral ist Wissen. Tugend ist lehrbar. Diese Auffassung Sokrates wird, wie gesagt, gerne belächelt. Man hält ihn für einen naiven Optimisten. Man wendet, nicht ganz zu Unrecht, ein, dass große Verbrecher alles andere als dumm waren. Goebbels hatte in Germanistik seinen Doktor gemacht, Stalin bei den Jesuiten gelernt. An mangelnder Intelligenz lag es sicher nicht, dass sie zu den schauerlichsten Schreibtischtätern der Weltgeschichte wurden.

Und doch können wir es auch heute noch nicht einfach ignorieren, wenn Sokrates darauf besteht, dass die Begriffe und Sachverhalte sorgfältig und verantwortungsvoll geklärt werden müssen, bevor wir handeln. Sonst siegt die *kakia*, die Schlechtigkeit, über die *arete*, die Tugend. Sokrates macht dies in seinem Dialog *Protagoras* an den Beispielen von *Kühnheit* und *Tapferkeit* deutlich. Die Begriffe sind nicht identisch. Wer sich einfach in eine Gefahr begibt, sagen wir auf das brüchige Eis eines halb zugefrorenen Sees, ohne Informationen über die gefährliche Lage eingeholt zu haben, der ist nicht tapfer, bestenfalls tollkühn. Der wahrhaft Tapfere hingegen ist der, der im Wissen um die Gefahr sein Leben riskiert, um etwa ein Kind aus dem einbrechenden Eis herauszuholen. Sokrates nagelt daher den Sophisten Protagoras auf die entscheidende Antwort nach der Bedeutung des Wissens für das Menschsein fest.

SOKRATES: *Komm her, Protagoras! Enthülle mir von deiner Gesinnung auch noch dieses: Was hältst du vom Wissen? Denkst du hierüber so wie die Masse der Menschen oder anders? Die Masse nämlich denkt vom Wissen so ungefähr, dass es nichts Starkes, Leitendes und Beherrschendes ist.*

PROTAGORAS: *So dünkt es mich, wie du jetzt sagst.*

SOKRATES: *Und so wäre es, wenn für irgendeinen anderen, gewiss auch für mich, unziemlich zu behaupten, dass Weisheit und Wissen nicht das Mächtigste wäre unter allem Menschlichen.*

Sokrates appelliert an uns, nicht *wie die Masse der Menschen* begriffslos und damit bewusstlos durch die Welt des Guten und Bösen zu gehen. Der Existenzphilosoph Heidegger wird später die Kategorie der *Uneigentlichkeit* und des *man* einführen, um damit die Fremdbestimmung des Menschen durch seine „Vermassung“ zu charakterisieren.

Sokrates geht in dem Dialog *Protagoras* sogar so weit zu behaupten, wenn Tugend Wissen sei, so befähige sie den Menschen auch dazu, die größte Lust auszuwählen. Das Gute sei letztlich das Lustvolle. Sokrates hält den Menschen grundsätzlich für fähig, unabhängig von Zeitströmungen und ideologischen Beeinflussungen ein Urteil über Gut und Schlecht zu treffen. Er plädiert für die Bewusstheit des Menschen, seine Fähigkeit, nüchtern abwägen zu können.

Ich möchte diese Bedeutung des *Wissens* für unser Leben an einigen Beispielen aus meinem psychotherapeutischen Alltag deutlich machen. Fast täglich sitze ich in meiner Praxis adipösen, also übergewichtigen, Menschen gegenüber. Frauen sind besonders gefährdet. Etwa jede dritte Frau in der Bundesrepublik leidet an Übergewicht. Ich stelle routinemäßig, aber wohlwollend zwei Fragen: *Was isst du? Wie isst du?*

Fast immer bilden sich zwei Sachverhalte heraus: Die Patientin ernährt sich falsch. Sie weiß nicht oder nur bruchstückhaft über gesunde Ernährung, d.h. die vitalstoffreiche Vollwertkost, Bescheid. Sie weiß es einfach nicht. In vielen Fällen absolvieren meine Klientinnen in der Folge einen einführenden Vollwertkochkurs vor Ort bei einer unserer viertausend Gesundheitsberaterinnen GGB oder bei uns selbst im Haus. Sie erlangen Wissen über die, wie Sokrates sagen würde, *diaita*, die gesunde Lebensführung. Sie haben nicht aus Böswilligkeit falsch gegessen, sondern aus Unwissenheit.

Zweitens stellt sich aber nicht selten eine Essstörung, also ein Suchtverhalten heraus. Vergessen wir nicht, Hausfrauen bewegen sich im harten Drogenmilieu – der Küche. Da machen sie dann oft das Gleiche, was sie als Kind ebenso schmerzlich wie falsch gelernt haben – innere Leere, Selbstabwertung, Lieblosigkeit und Stress mit Essen zu kompensieren. Hier liegt eine tiefgreifende Verletzung der Seele und ein jahrzehntelanges neurotisches Fehlverhalten vor. Es braucht, etwa in der Gruppentherapie für Essgestörte, viel Energie, liebevolle Einfühlung und mutige Konfrontation dazu, den Menschen aus dem Teufelskreis von Esssucht, Minderwertigkeitskomplex und Kompensation herauszuholen, ihn zur psychischen und physischen Neugeburt zu ermutigen.

Für mein Buch *Seele – Sucht – Sehnsucht* schrieb mir eine Frau, die von ihrem elften bis zu ihrem fünfzehnten Lebensjahr sexuell missbraucht wurde, warum sie dann das Essen missbrauchte: *In dieser ganzen Tragödie gewann Essen immer mehr an Wichtigkeit für mich. Es „klebte" mein Leben zusammen. Es half mir dabei, meine Gefühle buchstäblich herunterzuschlucken ... Essen war mein Leben, mein Seelentröster, mein Beruhigungsmittel, meine Schlaftablette, mein Aphrodisiakum, mein Stimmungsaufheller.*

Oder nehmen wir die Arbeitssucht. Hier sind rein zahlenmäßig die männlichen *Workaholicer* in der Mehrheit. Sie tragen ihr Leiden in der Regel stumm und unbegriffen mit sich herum. Ich selbst habe als Therapeut die Arbeitssucht bei Männern meist übersehen. Warum? Weil ich selbst ein Arbeitspferd bin. Weil mir früh schon der Leistungsgedanke eingehämmert wurde und mir Tüchtigkeit ungemein imponiert. Auf diesem Auge war ich jahrelang blind. Bis eines Tages ein Architekt zu mir in die Praxis kam. Im Vordergrund stand sein Alkoholproblem und damit verbunden die schwere Krise seiner Ehe. Wie viele Süchtige war er, wie das Fachwort sagt, polytoxikoman, mehrfach süchtig. Er rauchte circa dreißig Zigaretten am Tag und sprach der kreislaufmanipulierenden Droge Kaffee mit zwanzig Tassen täglich zu. Er arbeitete von morgens 6.00 Uhr (*da klingelt noch kein Telefon im Büro*) bis abends 9.00 Uhr. Dann setzte er sich, von der Familie gemieden, einsam vor den Fernseher, arbeitete bis 23.00 Uhr mit einem Marker Fachzeitschriften durch, um sich dann mit einem Videokrimi und erheblichem Alkoholkonsum vollends emotional zu narkotisieren. *Ich arbeite mich noch zu Tode* vertraute er mir an. Der durchaus liebenswerte und verantwortungsbewusste Mann ging anschließend erfolgreich auf Entziehungskur. Ich hoffe, dass er auch seine Arbeitssucht dabei bedacht und sein Leben geändert hat. Denn hinter jeder Sucht steht eine uneingelöste Sehnsucht.

Auch hier wird deutlich: In dem Augenblick, in dem ich meine Wahrheit nicht mehr verdränge und meine Sucht akzeptiere und mir, durch Therapie und Bücher und Gespräche, „*Wissen*“ über meine seelische Erkrankung erarbeite, kann ich, im sokratischen Sinne, *gut* werden. Das gilt natürlich auch für alle anderen Störungen, die ich in meinem Suchtbuch mit Hilfe von hundertfünfzig ergreifenden Leserzuschriften analysiert habe: Beziehungssucht. Sexsucht. Helfersucht. Leidenssucht. Kaufsucht. Fernsehsucht. Telefoniersucht. Computersucht. Spielsucht. Süßigkeitensucht. Bulimie. Magersucht. Nikotinsucht. Alkoholsucht. Tablettensucht. Co-Abhängigkeits-Sucht. Jede Sucht ist auch eine Sinnkrankheit. Sie schreit nach Aufklärung und Wissen.

Oder nehmen wir Glanz und Elend der Apparatemedizin. Hier wäre die sokratische Begriffsklärung besonders gefragt. Der frühere Mann meiner Frau wurde von verständnislosen Medizinern, als er auf dem Sterbebett lag, mit der wiederholten Einführung einer Nahrungssonde sinnlos gequält. Sein Tod war absehbar. Beide hatten rechtzeitig und wiederholt gebeten, *der Natur ihren Lauf zu lassen.* Aber nein, aus medizinischer Engstirnigkeit heraus (*man erhält Leben um jeden Preis*) und vielleicht auch aus ärztlichem Narzissmus *(die Niederlage nicht einzugestehen)* wurde der Todkranke strapaziert, obwohl er die künstlich injizierte Nahrung regelmäßig erbrach. Der Körper in seiner Weisheit wehrte sich gegen die apparative Vergewaltigung.

Ein Sokrates hätte hier nach dem *Begriff Leben* gefragt, und zwar im Kontext der konkreten Situation. Er hätte zu bedenken gegeben: *Ist ein Leben mit schmerzhafter Zwangsernährung ein wünschenswertes Leben? Ist es sinnvoll, dem Lebenden gegen seinen Willen und gegen den Verlauf der Natur ein künstliches Leben zu oktroyieren? Ist das Rechtsgut der unangreifbaren Würde des Menschen nicht höher anzusetzen als der Kampf um seine rein biologische Lebensverlängerung?* Sokrates hätte gefragt: *Sieht die High-tech-Medizin mit allen ihren Apparaten noch den Menschen?*

Nicht viel anders, wenn auch entgegengesetzt, verhält es sich mit den ethischen Fährnissen der boomenden Transplantationschirurgie. Es steht natürlich außer Frage, dass die wohlüberlegte, kompetent getroffene und damit freiwillige Entscheidung zu Lebzeiten für eine Organentnahme aus dem eigenen Körper im Sterbefalle eine qualifizierte sittliche Entscheidung darstellt. Doch kann hieraus ein Recht der Gesellschaft auf die Organe Sterbender abgeleitet werden? Ist es wirklich statthaft, dass Angehörige eines Sterbenden, bis zu den Enkeln hin, nach dem Deutschen Transplantationsgesetz von 1997 Organverfügungen treffen dürfen, die derart tief in die Persönlichkeitsrechte eines Menschen eingreifen? Das Bürgerliche Recht kennt, um einen Vergleich heranzuziehen, keine erbrechtliche Intervention eines Angehörigen, dahingehend Order zu erteilen, wie der Verstorbene testamentarisch wohl mutmaßlich entschieden hätte. Darf ein Mensch, der keine klare Zustimmung erteilt hat, als organisches *Ersatzteillager* verwendet werden?

Was hat das mit Sokrates zu tun? Viel, denn es handelt sich hier um Begriffe, mit der die Organexplantation am Krankenhauspatienten gerechtfertigt wird. 1968 entwickelte nämlich eine Kommission der amerikanischen Harvard-Medical-School ein neues Todeskriterium für die Organentnahme aus einem noch atmenden Leib: Der Mensch ist tot, so definierten die Mediziner, wenn alle Funktionen seines Gehirns irreversibel erloschen sind. Barnards Explantations-Opfer Denise Derwall sei, so ihre Schlussfolgerung, trotz weiterschlagenden Herzens tot gewesen, nämlich *gehirntot*.

In ihrer Begründung führten die Harvardmediziner ein, wie mir scheint, zulässig therapeutisches und ein unzulässig utilitaristisches Argument in die wissenschaftliche Diskussion ein: Richtig wiesen sie auf die Notwendigkeit eines neuen Kriteriums für einen Therapieabbruch in der Intensivmedizin für den Fall hin, dass ein unwiderruflich und total cerebral „zerstörter" Patient nur noch durch künstliche Beatmung am Leben erhalten wird. Die Harvard Declaration führte jedoch als zweiten Grund einen medizinischen Beschaffungsnotstand an. Lesen wir: *Überholte Kriterien für die Definition des Todes können zu Kontroversen bei der Beschaffung von Organen zur Transplantation führen.* (Zitiert nach: *Ilse Gutjahr, Mathias Jung (Hrsg.), Sterben auf Bestellung*). Der Herzchirurg und Nobelpreisträger Prof. Dr. Werner Forßmann kritisierte, mit der Transplantation machten sich die Ärzte zu *Henkern, die ihre Opfer pflegten, damit sie als Organbank Zins und Zinseszins abwerfen* (DER SPIEGEL, 10/97).

Man muss wissen, dass *Hirntote* keine Leichen sind. Im Gegensatz zu „richtigen" Leichen müssen *Hirntote* gewaschen werden, auch Hautpflege, Zahnpflege sowie Lagerung und ständige Kontrolle der Kreislaufstabilität und der Beatmungsparameter sind notwendig. *Hirntote* Männer können Erektionen haben, *hirntote* Frauen schwanger sein und, wie es der Fall Marion Ploch in der Erlanger Universitätsklinik zeigte, monatelang ein Kind in ihrem Leib wachsen lassen. *Hirntote* reagieren, wenn man ihre Haut reizt. Zum Entsetzen mancher Pflegekräfte sind *Hirntote* plötzlich in der Lage, eine Pflegekraft „reflexartig" mit den Armen zu umschlingen oder laufähnliche Bewegungen im Bett zu vollziehen. Nicht jeder *hirntote* Patient stirbt unmittelbar nach dem Abstellen der Beatmungsmaschine. Vor allem aber: Die Chirurgen geben dem sogenannten *Hirntoten* oftmals vor der multiplen

Organentnahme auf dem OP-Tisch eine Narkose, damit er nicht beim Aufschneiden des Leibes Schmerzreaktionen zeigt und sich trotz der haltenden Gurte aufzubäumen versucht. Ist das ein toter Mensch?

Sokrates würde hier, wiederum im konkreten Zusammenhang der Situtation, nach der Definition von Leben und Tod sprechen. Wenn wir den Menschen nur von seinen kognitiven, also seinen intellektuell-rationalen Leistungen bewerten, dann ist er allerdings mit dem Erlöschen der Gehirnfunktionen tot. Aber wie definiert sich *Leben* und *Menschsein*? Längst haben wir zum Beispiel gelernt, Kinder mit einem Down-Syndrom, die man früher abwertend als *mongoloid* bezeichnete, trotz schwer eingeschränkter geistiger Fähigkeiten als liebenswerte, ja emotional besonders starke Persönlichkeiten zu achten. Ist die Definition des Menschen ausschließlich nach seinen geistigen Leistungen, so würde Sokrates fragen, nicht ein *Zerebrozentrismus*? Geht hier nicht die Leib-Seele-Einheit verloren?

Wenn ein Partner *gehirntot* vor mir liegt, wenn ich seine warme Haut noch streicheln, ihn zärtlich ansprechen kann, liegt da vor mir nur ein Klumpen seelenloses Fleisch? Können wir mit letzter Konsequenz ausschließen, dass den geliebten Menschen meine Gegenwart, mein Handhalten, meine beruhigende Stimme wirklich nicht erreicht?

Ist das Gehirn, so würde Sokrates einwenden, nicht trotz seiner überragenden Bedeutung, nur ein Teilorgan? Hat der übrige Leib, jede Zelle, nicht auch Leben in sich? Sokrates würde uns vor die entscheidende Frage stellen: Ist ein *Hirntoter* eine Leiche oder ein Sterbender? Ist ein *Hirntoter* ein irreversibel geschädigter, aber noch lebender Mensch?

Darf der existenzielle Prozess des Abschiednehmens der Angehörigen zu Gunsten der Organverwertung abrupt abgebrochen werden? Darf ich noch den Körper meines Partners lieben und bis zu Ende begleiten, auch wenn das Gehirn ausgefallen ist? Wie steht es mit Kants moralischem Imperativ Der *Mensch darf nicht zum Zwecke gemacht werden*? Können Transplantationschirurgen aus *toten* Menschen *lebende* Organe entnehmen? Sie sprechen dabei von bloß *vegetativ-biologischem Leben*. Der Körper eines Patienten nach dem *Hirntod* wird als *human vegetable* (menschliches Gemüse) oder *human cadaver* abqualifiziert.

Fragen über Fragen. Moral und Wissen – das ist, nicht nur bei der Begriffsverwirrung vom *Gehirntod* des Menschen, ein nie endendes Forschungsfeld für die sokratische Gesinnung eines Menschen und der Gesellschaft.

*

Bertold Brecht
Der Zweifler

Immer wenn uns
Die Antwort auf eine Frage gefunden schien
Löste einer von uns an der Wand die Schnur der alten
Aufgerollten chinesischen Leinwand, so dass sie herabfiel und
Sichtbar wurde der Mann auf der Bank, der
So sehr zweifelte.
Ich, sagte er uns
Bin der Zweifler, ich zweifle, ob
Die Arbeit gelungen ist, die eure Tage verschlungen hat.
Ob was ihr gesagt, auch schlechter gesagt, noch für einige Wert hätte.

Ob ihr es aber gut gesagt und euch nicht etwa
Auf die Wahrheit verlassen habt dessen, was ihr gesagt
habt.
Ob es nicht vieldeutig ist, für jeden möglichen Irrtum
Tragt ihr die Schuld. Es kann auch eindeutig sein
Und den Widerspruch aus den Dingen entfernen; ist es
zu eindeutig?
Dann ist es unbrauchbar, was ihr sagt. Euer Ding ist
dann leblos.
Seid ihr wirklich im Fluß des Geschehens?
Einverstanden mit
Allem, was wird? Werdet ihr noch? Wer seid ihr?
Zu wem
Sprecht ihr? Wem nützt es, was ihr da sagt?
Und nebenbei:
Lässt es auch nüchtern? Ist es am Morgen zu lesen?
Ist es auch angekündigt an Vorhandenes? Sind die
Sätze, die
Vor euch gesagt sind, benutzt, wenigstens widerlegt?
Ist alles belegbar?
Durch Erfahrung? Durch welche? Aber vor allem
Immer wieder vor allem andern: Wie handelt man
Wenn man euch glaubt, was ihr sagt? Vor allem:
Wie handelt man?
Nachdenklich betrachteten wir mit Neugier den
zweifelnden Blauen Mann auf der Leinwand, sahen
uns an und
Begannen von vorne.

Sokrates ist der Weiseste, weil er einen
Begriff des Wissens hat und damit zugleich
die Grenzen des Wissens durchschaut.

Der Satz vom Wissen des Nichtwissens
besagt also einerseits etwas sehr Schlichtes
und andererseits etwas ungeheuer Anspruchsvolles:
Sokrates versteht sich auf nichts,
sofern er keine Kunst, kein Handwerk beherrscht;
doch er durchschaut so genau, was das Wissen
des Handwerkers oder Künstlers ist, daß ihm auch
die Vernebelungen, die falschen Übertragungen
dieses Wissens in Bereiche, die höheren Anspruchs
als die Handwerke sind, nicht verborgen bleiben.

Günter Figal,
Sokrates

Lob des Nichtwissens

Was wir wissen, ist ein Tropfen,
was wir nicht wissen, ein Ozean.
Newton

Es mag widersinnig erscheinen, nach der Würdigung des Zusammenhangs von Moral und Wissen ein Lob des Nichtwissens anzustimmen. Aber es macht, wie wir gleich sehen werden, Sinn. *Ich weiß, dass ich nichts weiß* – dieser Satz ist gleichsam das Markenzeichen des Sokrates. Immerhin ist es der gleiche Sokrates, den das Delphische Orakel als den weisesten Mann Griechenlands bezeichnete. Das Wissen des Nichtwissens scheint, wenn wir Sokrates glauben dürfen, positiver zu sein als ein in sich frageloses Wissen. Verdeckt es nicht oft ein Unwissen?

Immer wieder laufen die Definitionsbemühungen des Sokrates mit seinen Gesprächspartnern auf ein Scheitern hinaus. Wir sprachen von der *Aporie*, der Ausweglosigkeit, zu

„Ich weiß, dass ich nichts weiß!"

der das sokratische Hinterfragen der Begriffe oftmals führt. Genauer müsste es „Weglosigkeit" heißen. Denn das altgriechische Wort *poros* bedeutet Durchgang, Übergang, Pfad, Straße, Brücke. Die Aporie bedeutete also Nicht-Durchgang, Nicht-Übergang, Nicht-Pfad, Nicht-Straße, Nicht-Brücke. Sokrates selbst beschreibt die aporetische Situation als ein Umherirren, als eine Irrfahrt zur See, als einen Schiffbruch, als Sprachlosigkeit, als Schwindelgefühl oder als Lähmung.

Sokrates, ein Brechtscher Zweifler, meint das nicht negativ. Es geht ihm um den Verlust der naiven Selbstsicherheit und Selbsttäuschung. Erst in dem *Wissen des Nichtwissens* besteht nach Sokrates die wahre Weisheit. Auch diese Weisheit ist in sich aporetisch, widersprüchlich. Sie besteht in der Einsicht, dass der Mensch ein Wesen ist, das Wissen über sich besitzt. Grundlage seiner Existenz ist aber zugleich, dass der Mensch die Bedingungen seines Handelns und Lebens niemals vollkommen erkennen und durchschauen kann. Die Aporien der menschlichen Erkenntnis zu kennen, also ihre grundsätzliche Unabschließbarkeit und Irrtumsanfälligkeit zu akzeptieren, bedeutet, bescheidener, weniger anfällig für geschlossene Denksysteme und politische Ideologien zu werden. Aporetisch zu denken, bedeutet, demütig vor der Unlösbarkeit mancher Fragen und Sinnprobleme zu kapitulieren, den spannungsvollen Druck weltanschaulicher und wissenschaftlicher Fragen auszuhalten und nicht dem Sirenenruf totalitärer Sinn-Gurus zu verfallen.

Das sagt sich so leicht. Tatsächlich tut sich fast jeder Mensch schwer, die Fragezeichen des Lebens auszuhalten. Ist der Fundamentalismus nur ein Problem von wildgewordenen Ayatollahs, von Evangelikalen oder von Scientology-Church-Anhängern? Ich kenne meinen eigenen Fundamentalismus. Ich habe ihm in mehrfacher Weise gefrönt. Als Schüler eines elitären Jesuitenkollegs warf ich mich jahrelang der allein seligmachenden römischen Kirche in die Arme. Ich blickte auf die anders denkenden „Ketzer" mit Hochmut hinab. Das Philosophiestudium hat mich von dieser Droge eines allein seligmachenden Glaubens erlöst. Es war ein harter innerer Kampf, bis ich die „Firma" verließ.

In meinem philosophischen Studium wiederum suchte ich, ganz der autoritäre Katholik, der ich im Grund meiner Seele noch war, nach dem einen, verbindlichen Denksystem, das mir erklären sollte, *was die Welt im Innersten zusammenhält* (Faust). Mal verschrieb ich mich dem Denksystem von Aristoteles, bald dem von Kant, von Hegel oder Sartre. Immer wieder wachte ich nach einem wahren Rausch der geistigen Identifikation mit einem Kater ernüchtert auf. Ich war beschämt, dass ich schon wieder einen meiner „Götter" verriet.

Natürlich stellte ich, wie viele meiner 68er-Zeitgenossen, *Hegel auf die Füße* und landete bei Marx. Ihm bin ich in der kindlichen Form eines *Studentenmarxismus* über Jahre hinweg *bedingungslos* treu geblieben, wenn man im Zeichen einer solchen intellektuellen Hörigkeit überhaupt von Treue sprechen kann. Ich ließ keine Kritik an den Denkern des Marxismus zu. Ich bog mir alles zurecht und engagierte mich, unter Ausschaltung aufkommender Bedenken, sogar unter der roten Fahne einer sektiererischen Kleinpartei. Dass es *bedingungslose* Treue zu einem Denksystem, einer Institution oder Geistesrichtung nicht geben darf, wollte mir nicht in den Kopf. Das Erwachen war über alle Maßen schmerzhaft. Als später dann die versteinerte Welt des realen Sozialismus in der östlichen Hemisphäre unserer Welt nach der Art fallender Dominosteine über Nacht zusammenbrach und sich die Ideologie der allein seligmachenden Roten Kirche als Abart des Stalinismus entpuppte, weinte ich gleich zweifach – über die Naivität meiner früheren Illusionen wie über die glückliche Befreiung der Menschen von Bevormundung und Diktatur.

Soviel weiß ich Jesuitenschüler heute: Die Funktionäre der Schwarzen wie der Roten Kirche hatten auf alles fertige, vorfabrizierte Antworten. Der kleine Mathias ist darunter verschwunden. Heute nach vierzig Jahren ununterbrochener philosophischer Lektüre und Auseinandersetzung weiß ich, dass ich viel mehr Fragen habe als Antworten. Ich muss es aushalten. Manchmal erinnere ich mich an das Scherzwort in der philosophischen Fakultät meiner Bonner Alma Mater: *Die Theologen haben die Offenbarung, wir Philosophen die Fragen.*

Von allen Fundamentalisten, Absolutisten und Ideologen der Welt unterscheidet sich Sokrates in einer einschneidenden Einsicht, nämlich seinem Diktum *Ich weiß, dass ich nichts weiß.* Das klingt bei einem so klugen und weisen Mann nach Koketterie, es meint aber etwas anderes. Sokrates lehnt geschlossene Denksysteme, wir würden sagen Totalitarismen, ab. Er glaubt nicht, im Besitz einer Antwort auf jede Frage zu sein, sondern er sucht sie erst. Das Suchen ist das Ziel. Sokrates sucht die Antwort mit jedem Menschen in einem gleichsam existenziellen Ernst. Die sokratische Sichtweise befreit uns von Ignoranz, Besserwisserei und diesem stumpfen *Das weiß ich doch alles.* Kern jedes sokratischen Wissen ist das delphische *Erkenne dich selbst.* Denn all das fintenreiche Schütteln von Begriffen wie Gut und Böse, Schönheit und Tapferkeit bei Sokrates läuft am Ende auf Selbstprüfung und Selbsterkenntnis hinaus. Nur was als Erkenntnis durch mein Ich gegangen ist, durch mein Gefühl, durch meine Blutbahn, ist wirkliche Erkenntnis. Ich darf zulassen, dass ich vieles nicht weiß und dass die Welt voller Rätsel ist.

Gerade in der Moderne ist, so scheint mir, die Selbstpositionierung des Individuums zur Voraussetzung des Überlebens geworden. Aus dem mittelalterlichen geschlossenen Weltbild, dem *Universum* des abendländischen Katholizismus – das altgriechische *katholikos* bedeutet *das Ganze betreffend* - ist ein *Multiversum* konkurrierender Weltanschauungen, Religionen, spiritueller Positionen, Philosophien und Lebenseinstellungen geworden. Das Leben ist eine Baustelle. Der Mensch führt eine Bastelexistenz. Er ist Architekt seines eigenen Schicksals. Über Gemeinsamkeiten müssen wir auf Biegen und Brechen verhandeln wie noch nie, sei es in der Gesellschaft, sei es in der Privatzelle der Beziehung. Man spricht von der *Konsensmoral*, dem Vereinbarungszwang. Die Werte haben wir vom Himmel heruntergeholt. Sie sind irdisch geworden. Das Nichtwissen und die Toleranz bedingen sich sozusagen miteinander.

Das Epochenbewusstsein ist unmetaphysisch geworden. Der große portugiesische Denker und Dichter Fernando Pessoa (1888–1935) hat diese agnostische (nichtwissende) Haltung des nachchristlichen Zeitalters so formuliert: *Ich betrachte das Leben als eine Herberge, in der ich verweilen muss, bis die Postkutsche des Abgrunds eintrifft. Ich weiß nicht, wohin sie mich führen wird, weil ich gar nichts weiß. Ich kann diese Herberge als ein Gefängnis betrachten, weil ich gezwungen bin, in ihr zu warten; ich kann sie auch als einen Ort der Geselligkeit ansehen, weil ich hier anderen Menschen begegne (Das Buch der Unruhe).* Pessoa war es auch, der die Bedeutung der fragmentierten, extrem individualisierten Persönlichkeit und die Rollenvielfalt des Menschen in der Moderne erkannte: *Jeder von uns ist mehrere, ist viele, ist ein Übermaß an Selbsten ... In der weitläufigen Kolonie unseres Seins gibt es Leute von mancherlei Art, die auf unterschiedliche Weise denken und fühlen.*

Der sich exponentiell steigernde Wissenszuwachs im Zeitalter der Computerisierung und Digitalisierung konfrontiert uns zugleich, und das ist die Paradoxie dieses Prozesses, mit unserem abgrundtiefen Nichtwissen. Wer wollte die Fülle der Informationen und Zusammenhänge noch übersehen. Jetzt erst wird überdeutlich, was der Gelehrte Friedrich Schlegel bereits 1798 erkannte: *Je mehr man schon weiß, desto mehr hat man noch zu lernen. Mit dem Wissen nimmt das Nichtwissen zu oder vielmehr das Wissen des Nichtwissens.* Wer von uns Laien weiß denn eigentlich zum Beispiel, welche revolutionären Chancen und dramatischen Gefahren die wissenschaftliche Entschlüsselung des menschlichen und pflanzlichen Genoms uns allen bescheren wird? Wohin wird uns die Laborschöpfung des Rhesusaffen Andi mit dem Quallen-Gen in seinem Erbgut führen?

Schon jetzt registriert der Fortpflanzungsmediziner Serhal nüchtern: *Ich hätte überhaupt keine Probleme, ein gentechnisch verändertes Menschenbaby herzustellen. Vom Affen zum Menschen ist es nur ein kleiner Schritt* (SPIEGEL, 3/2001) ...

Sage keiner, das sei nur theoretisches Gewäsch, einzig geeignet, das Herz eines Philosophen zu ängstigen. Severino Antinori, 55-jähriger Frauenarzt in Rom, verkündete im Januar 2001: *Wir werden mit einem internationalen Wissenschaftlerteam noch in diesem Jahr damit beginnen, einen Menschen zu klonen* (SPIEGEL, 5.2.2001). Der Arzt ist kein Angeber: Als erster verhalf er durch eine Reagenzglas-Befruchtung einer 62-jährigen (!) Frau zu einem Kind. Wie das Kind mit dieser Oma-Mutter einmal fertig werden wird, fragte sich der Mediziner nicht.

An Hand männlicher Zellen will der Labormediziner nun väterliche Ebenbilder herstellen. Das heißt, jedes Ehepaar – geplant sind zehn Ehepaare als Versuchskaninchen – wird kein gemeinsames Kind zeugen, sondern lediglich einen der Partner kopieren. Alle italienischen Männer haben sich übrigens geweigert, eine Körperzelle ihrer Frau zu nehmen und daraus ein Ebenbild von ihr gebären zu lassen.

Sokrates würde angesichts dieser geplanten Kunstmenschen fragen: *Was macht ein Kind aus?* Er würde antworten: *Daß es eine Mutter und einen Vater hat.* Dr. Antinoris Laborprodukt, so würde Sokrates zu bedenken geben, ist weder ein richtiges Kind, noch ein Individuum, sondern nur eine Kopie. Sokrates stellte diese Frage: *Ist es nicht das Menschenrecht jedes homo sapiens, eine unverwechselbare, einmalige genetische Identität zu bekommen?*

Auch angesichts der BSE-Hysterie in den Jahren 2000/2001 würde der Denker aus Athen kritische Fragen an uns richten: *Ist es erlaubt, in Europa 2 000 000 Rinder in einem wahren Massaker zu töten, nur um den in die Krise geratenen Rindfleischmarkt zu sanieren?* Wir hätten die sokratische Frage zu beantworten: *Ist das Tier ein „seelenloser Automat"*, wie der rationalistische Philosoph René Descartes (1596–1650) definierte, *oder ein Mitgeschöpf, das Ehrfurcht und Fürsorge verdient?* – Doch zurück zum Thema Fundamentalismus.

Man muss stark sein, um das Nichtwissen aushalten zu können. Schwache Menschen klammern sich an Systeme, simple Welterklärungen oder Führer, die alles zu wissen vorgeben. Nachdem das Abendland die Zeiten der Inquisitionen und fanatischen religiösen Intoleranz siegreich bekämpft und hinter sich gelassen hat, drohen heute weltweit religiöse Fundamentalismen und *heilige Kriege* wieder zu erstehen. Das ist eine unselige Reaktionsbildung auf den Zusammenbruch des religiösen Weltdeutungsmonopols.

Gott ist tot, hat am Ende des 19. Jahrhunderts Friedrich Nietzsche proklamiert. Religion, befand vor ihm bereits der Philosoph Ludwig Feuerbach, sei eine rein psychologische Projektion: *Der Mensch schuf Gott nach seinem Bilde*. Karl Marx ergänzte sozialkritisch, Religion sei *Das Opium des Volkes* und *Der Schrei der bedrängten Kreatur*. Sigmund Freud, Erfinder der Psychoanalyse, definierte den frommen Gottesglauben als eine *Illusion*.

Wie immer man dazu stehen mag, die Diagnose des Todes Gottes war, stärker noch als die *Gotteskrise* der griechischen Aufklärung, ein Kulturschock. Zwar wurde der Mensch damit in die Freiheit seines Selbst entlassen. Aber drohte er nicht, ohne die gewohnten religiösen Sicherheitsgurte, ins Bodenlose zu fallen?

Friedrich Nietzsche hat die epochale Erschütterung dieses *Gottesmordes* in seiner Befreiungsschrift *Die fröhliche Wissenschaft* 1882 in unsterbliche Worte gefasst. Es ist *Der tolle Mensch*, der hier am hellen Vormittag eine Laterne anzündet, auf den Markt läuft und unaufhörlich schreit: *Ich suche Gott! Ich suche Gott!* Er antwortet sich selbst: *Wir haben ihn getötet – ihr und ich! Wir alle sind seine Mörder! Aber wie haben wir dies gemacht? Wie vermochten wir das Meer auszutrinken? Wer gab uns den Schwamm, um den ganzen Horizont wegzuwischen? Was taten wir, als wir diese Erde von ihrer Sonne losketteten? Wohin bewegt sie sich nun? Wohin bewegen wir uns? Fort von allen Sonnen? Stürzen wir nicht fortwährend? Und rückwärts, seitwärts, vorwärts, nach allen Seiten? Gibt es noch ein Oben und ein Unten? Irren wir nicht wie durch ein un-*

endliches Nichts? Haucht uns nicht der leere Raum an? Ist es nicht kälter geworden? Kommt nicht immerfort die Nacht und mehr Nacht?

Nietzsches Atheismus ist weder nihilistisch noch platt optimistisch. Wie immer man zu seiner Philosophie des *Übermenschen* kritisch stehen mag, er verzieh den Zeitgenossen nicht, dass sie einfach den Jahrtausende alten Gottesglauben durch eine flache Wissenschaftsgläubigkeit ersetzten und die Dramatik ihres Gottessturzes bagatellisierten. Der *tolle Mensch* ist in Wahrheit ein Weiser, der sich von dem Untergang der religiösen Weltepoche erschüttern lässt, ihre Tragweite ahnt: *Das Heiligste und Mächtigste, was die Welt bisher besaß, es ist unter unseren Messern verblutet – wer wischt dies Blut von uns ab? Mit welchem Wasser können wir uns reinigen? (…) Ist nicht die Größe dieser Tat zu groß für uns? Müssen wir nicht selber zu Göttern werden, um nur ihrer würdig zu erscheinen?*

Die Entzauberung der Welt durch die Wissenschaft (Max Weber), hier wird sie als *tremendum*, als ein zu Fürchtendes, aufgefasst. Nietzsche: *Man erzählt noch, dass der tolle Mensch desselbigen Tags in verschiedene Kirchen eingedrungen sei und darin dann Requiem aeternam deo* (Todeslied auf Gott – M. J.) *angestimmt habe. Hinausgeführt und zur Rede gesetzt, habe er immer nur dies entgegnet: „Was sind denn diese Kirchen noch, wenn sie nicht die Grüfte und Grabmäler Gottes sind?“*

Die meisten Menschen machen sich, wie Nietzsche sagt, den *Tod Gottes* durch die Wissenschaft, seine transzendentale Obdachlosigkeit in seiner Bedeutung nicht klar. Sie benutzen brav die Kirche vor Ort für emotionale Serviceleistungen wie Taufe, Eheschließung und Bestattung. Sie könnten wie Demokrit sagen *In Wahrheit gibt es nichts anderes als Atome und dazu den Raum*, sonst nichts. Siebzig Prozent der Deutschen glauben, wie eine demoskopische Erhebung im Jahr 2000 ergab, nicht mehr an ein Leben nach dem Tod. Aber die Konsequenzen daraus, das existenzielle Geworfensein des Menschen auf sich selbst, dass er, wie Sartre formulierte, *zur Freiheit verdammt* ist, diesen erschütternden diagnostischen Befund schütteln sie ab wie ein nasser Hund das Regenwasser. Das sind die einen.

Andere formieren sich in einer Heerschar aggressiver Glaubenskämpfer. Die Front reicht vom Balkan bis nach Südostasien. Im Himalaya-Staat Bhutan und in Sri Lanka streiten Buddhisten und Hindus, in Kaschmir Hindus und Muslime um die Vorherrschaft. Im Sudan und auf den Philippinen stehen sich Muslime und Christen militant gegenüber. In Israel giften sich immer massiver die orthodoxen und säkularen Juden an. *Kein Frieden unter den Nationen ohne Frieden unter den Religionen* erkennt der (von Rom mit dem Entzug der katholischen Lehrbefugnis bestrafte) Reformtheologe Hans Küng. *Man kommt*, sagt er, *um die traurige Feststellung nicht herum: Religionen erscheinen im Übergang zum dritten Jahrtausend nicht nur als die großen Geburtshelfer des Weltethos, sondern als auch die großen Störer des Weltfriedens.*

In Israel massakrierte der religiöse jüdische Eiferer Harry Goodman ein Dutzend betender Muslime (*die Engel werden mir ein Loblied singen*). In den USA werfen Anhänger der christlichen *Pro Life*-Bewegung Bomben in Abtreibungskliniken und ermorden dort tätige Ärzte. In einigen islamischen Ländern rekrutiert sich ein Heer rücksichtsloser Gotteskrieger. Wo fundamentalistische Terrorgruppen die Vorherrschaft erringen, etwa im Sudan oder in Afghanistan, etablieren sie in ihren *Gottesstaaten* Folter, Frauenunterdrückung und das drakonische *Gottesrecht* der *Scharia* mit Auspeitschung, Gliederabhacken und Erhängen.

Millionen orientierungslos gewordener Erdenbürger flüchten in aggressive Religionsgemeinschaften, die ihre Identität bekräftigen, indem sie den „Rest der Welt" verdammen. *Extra ecclesiam nulla salus*, kein Heil außerhalb der Kirche – dieses Verdikt nehmen verunsicherte fromme Fanatiker wie religiöse Großorganisationen in Anspruch. Die römische Glaubenskongregation unter Führung des theologischen Hardliners Kardinal Josef Ratzinger hat wenige Monate nach dem Millennium in ihrer Erklärung *Dominus Jesus* den Alleinanspruch der Vatikankirche erneuert und dem Protestantismus den eigentlichen Kirchenrang abgesprochen.

In seiner Studie *Kassensturz. Zur Lage der Theologie* definiert der Philosoph Christoph Türcke diese Art von Fundamentalismus so: Er ist *der Versuch, den entwurzelten, verunsicherten Individuen erneut seelischen Halt zu geben durch Kittung eben jener Fundamente, die am Zerbröckeln sind. Fundamentalismus beruft sich auf etwas, was erschüttert ist. Gerade deshalb besteht er mit solcher Heftigkeit darauf. Er will von Einwänden gegen seine Überzeugungen nichts wissen, weil er sie selbst nur allzu schmerzlich verspürt.*

Der Harvard-Gelehrte Huntington, langjähriger Politikberater der US-Regierung, sieht den säkularisierten Westen in Gefahr. Er warnt vor religiösen Konflikten: *Weltweit scheint die Zivilisation in vieler Hinsicht der Barbarei zu weichen und es entsteht die Vorstellung, dass über die Menschheit ein beispielloses Phänomen hereinbrechen könnte: Ein diesmal weltweites, finsteres Mittelalter.*

Ich weiß, dass ich nichts weiß – diese demütige Einsicht, das ist heute das Toleranzedikt einer multikulturellen, globalen Weltgesellschaft schlechthin. Der Verlust absoluter Gewissheiten ist nicht nur ein Soll, er ist auch ein Haben unendlich vieler neuer Möglichkeiten. Er zwingt uns immer neu zur Inventur, zur Selbstvergewisserung, zum Experiment und einem Lebensmodus des, wie die Schweizer Psychoanalytikerin Verena Kast formuliert, *abschiedlich Existieren*. Wir müssen uns immer wieder lösen von Altem, Vertrautem, das sich als nicht mehr lebbar erweist. Auch der religiöse Mensch muss sich von seinem Kinderglauben, der oft genug eine Drohbotschaft war, zu einer reifen Gläubigkeit, die eine Frohbotschaft ist, entwickeln.

Der Philosoph Ernst Tugendhat meint im Blick auf Sokrates in seinem Werk *Selbstbewusstsein und Selbstbestimmung*: *Die meisten vergangenen Zeitalter glaubten zu wissen, was gut ist, und die philosophischen Systeme, die in ihnen entstanden sind, glaubten geradezu sagen zu können, welches die Idee des wahrhaft guten Lebens ist. Wir haben heute diese Sicherheit verloren. Aber der Verlust kann auch ein Gewinn sein. Indem wir nicht mehr glauben, im Besitz der Wahrheit zu sein, können wir die Erfahrung des Sokrates erneuern, dass uns der Ausblick auf das Gute im Wissen des Nichtwissens gegeben ist, und in diesem Zurückgeworfensein auf uns selbst lernen wir es schätzen, dass wir nach dem wahrhaft Guten „fragen" können.*

Die Vorstellung, dass man sich an sich selbst wenden, sich mit sich selbst beschäftigen muss, ist ein altes Thema in der griechischen Kultur . . . Sokrates zeigt dem jungen Heißsporn Alkibiades, dass es von dessen Seite reichlich vermessen ist, sich der Polis annehmen, ihr Ratschläge erteilen und sich mit den Königen von Sparta und den Beherrschern Persiens anlegen zu wollen, wenn er nicht zuvor gelernt habe, was zum Regieren unabdingbar ist: Erst muss er sich um sich selbst kümmern – und zwar sofort, solange er jung ist, denn „mit 50 Jahren wäre es wohl zu spät". Und in der „Apologie" stellt Sokrates sich seinen Richtern geradewegs als Meister der Sorge um sich hin: Der Gott hat ihn berufen, die Menschen zu mahnen, dass sie sich sorgen, nicht um ihre Reichtümer, nicht um ihre Ehre, sondern um sich selbst und um ihre Seele.

Michel Foucault,
Die Sorge um sich

Seelenkunde

Kehret den Blick in Euch selbst! In Euch sind die unerforschten Tiefen, worin Ihr Euch mit Nutzen verlieren könnt. Hier untersucht die geheimsten Winkel. Hier lernet die Schwäche und die Stärke, die verdeckten Gänge und den offenbaren Ausbruch Eurer Leidenschaften! Hier richtet das Reich auf, wo Ihr Untertan und König seid! Hier begreifet und beherrschet das Einzige, was Ihr begreifen und beherrschen sollt: Euch selbst. So ermahnte Sokrates.

Gotthold Ephraim Lessing (1729–1781),
Gedanken über die Herrnhuter

Sokrates bedeutet, so Karl Jaspers in seiner gestochenen philosophischen Diktion, *Das Auf-dem-Wege-Sein im Denken mit dem Wissen des Nichtwissens.* Sokrates unternimmt dabei, wie die amerikanischen Psychologen es nennen würden, eine *loving confrontation*, eine auf-

„Ein Leben ohne Selbsterforschung verdient gar nicht gelebt zu werden.“

rüttelnde Konfrontation des Klienten, aber im Geist der Liebe. Als im platonischen Dialog *Menon* eben dieser Menon bei der Disputation über die Tugend, die *arete*, von Sokrates ausweglos (aporetisch) in die Enge getrieben wird, klagt er: *Ich hörte schon, dass dein ganzes Tun darauf hinausläuft, selbst wie in der Irre zu gehen und die anderen an sich irre zu machen … Jetzt hast du mich behext und bezaubert und völlig in deine Gewalt gebracht, so dass ich nicht mehr aus und ein weiß … als wärest du zum Verwechseln ähnlich dem Zitterrochen. Denn auch dieser macht jeden, der ihm nahekommt und berührt erstarren … Wenn du als Fremder in einer anderen Stadt dir dergleichen erlaubtest, wo würdest du wohl als ein Zauberer verhaftet werden.*

Immerhin teilt ein Zitterrochen elektrische Schläge von bis zu zweihundert Kilowatt aus. Sokrates erwidert darauf: *Es trifft der Vergleich von mir mit dem Zitterrochen allerdings dann zu, wenn dieser Fisch bei einer starr machenden Wirkung auf die anderen auch selbst starr wird; wo nicht, dann nicht. Denn wenn ich die anderen ratlos mache, so bin ich selbst dabei schlechterdings ratlos.* In der gleichen Situation bekennt in dem platonischen Dialog *Theaitetos* ein Gesprächspartner, nach all der Begriffsarbeit schwindele es ihm. Sokrates erwidert, dies sei der Anfang der Philosophie.

Ist es nicht auch der Anfang der Seelenkunde, der Psychoanalyse und der Psychotherapie? In seiner Verteidigungsrede, in der *Apologie*, erläutert Sokrates sein Tun mit den Worten: *Denn nichts anderes tue ich, als dass ich umhergehe, um Jung und Alt unter euch zu überreden, ja nicht für den Leib und für das Vermögen noch überall so sehr zu sorgen als für die Seele, dass diese aufs Beste gedeihe. Indem ich zeige, wie nicht aus dem Reichtum die Tugend entsteht, sondern aus der Tugend der Reichtum und alle anderen Güter insgesamt, private und gemeinschaftliche.*

Das ist ein uraltes Motiv der Ethik, aber auch Anliegen vieler Psychotherapien und Lebensberatungen, das von Sokrates hier radikalisiert wird. In der christlichen Religion formuliert es Matthäus mit den berühmten Worten: *Was hülfe es dem Menschen, so er die ganze Welt gewönne und nähme doch Schaden an seiner Seele.* Nietzsche, der größte Psychologe unter den modernen Philosophen, sagt es noch knapper: *Wer wenig besitzt, wird umso weniger besessen* (*Zarathustra*). Gerade heute in einer extremen Konsum- und Suchtgesellschaft, neigt jeder von uns dazu, den Kampf für materielle Güter, vom Handy über den PS-starken Statuswagen bis zum Kanarenurlaub, mit seinem Seelenglück zu verwechseln. Wenn die kaufsüchtige Millionärsfrau Barbara Becker laut wörtlicher Aussage ihres Ex-Mannes Boris Klamotten kaufte *wie ein Fixer den Stoff* und mal soeben 60000 DM für vier Kostüme in der Edelboutique hinblätterte, dann demonstrierte sie nur exzessiv den allgemeinen Trend vor uns Shopaholics: *Ich will nur haben. Wenn ich es habe, ist es unwichtig geworden.* Dagegen pflegt der historische Sokrates, wenn wir Diogenes Laertius trauen dürfen, beim Anblick der massenhaften Verkaufsartikel auf den athenischen Ständen zu sich selbst schmunzelnd zu sagen: *Wie zahlreich sind doch die Dinge, derer ich nicht bedarf.*

Sokrates macht die dem Therapeuten vertraute Entdeckung, dass wir Menschen oft das Unwichtige wichtig und das Wichtige unwichtig nehmen. Das Unwichtige ist, so sagt Sokrates, Ehre, Macht, Geld. Das treibt uns um. In meinen Sprechstunden und Gruppenseminaren höre ich oft förmlich das Keuchen von Menschen, die vom Stress gejagt sind und einmal aus der Tretmühle des „Konsumterrors“ entlassen werden wollen. Aber nicht allein die profitsüchtige Industrie ist daran schuld, auch wir selbst haben den Mechanismus unbewusst akzeptiert. Genau da setzt die sokratische, psychotherapeutische Arbeit ein, den Menschen in die Position der Exzentrizität zu führen, dass er sich einmal aus der Vogelperspektive betrachten und der rastlosen kleinen Ameise da unten, die er selbst ist, ein energisches *Halt* zurufen kann.

Die Menschen zum Nachdenken und Nachfühlen ihres Lebens zu bringen, das sieht Sokrates als seinen Dienst an. Genau so erlebe ich auch die meisten Therapiestunden. Sie bedeuten ein Innehalten und Verweilen. Sie geben die Chance, das Hier und Heute zu fühlen und nicht länger zu verdrängen und eine neue Lebensperspektive für die Zukunft zu entwickeln.

Ein guter Therapeut wird beim Studium der sokratischen Dialoge eine Fülle psychotherapeutischer Grundvoraussetzungen, Techniken und Anregungen entdecken. Da sind einmal die Liebe und das Wohlwollen, welche die Begegnung des Sokrates mit Menschen erwärmen. Sie sollten auch das Wesen jeder Therapie ausmachen. Das Geheimnis guter Therapie ist die Liebe. Nicht selten kommen Menschen zu mir, die von der kühlen Sachlichkeit und der protokollarischen Schreiberei eines Psychologen in einer früheren Therapie enttäuscht, ja abgestoßen und in eben jene kindliche Isolation des Ungeliebtseins zurückversetzt wurden, um deretwillen sie eigentlich den Therapeuten aufgesucht hatten. Bei Sokrates können Therapeuten lernen, dass das Wichtigste ihrer Arbeit die liebende und geduldig annehmende Beziehung zu einem Menschen ist. Sie können bei Sokrates begreifen, dass sich Besserwisserei, plumpe Ratschläge oder gar Verurteilungen verbieten.

Das spricht nicht gegen die ironische Intervention, die wir aus der provokatorischen Therapie eines Frank Farelly kennen. Sokrates handhabt sie glänzend. Als er zum Beispiel auf einen Athener stößt, der seinen Sklaven hart züchtigt, fragt Sokrates, warum er ihm zürne. Die Antwort des bürgerlichen Pfeffersacks ist: *Er will viel fressen und für nichts sorgen, viel Geld einstreichen und nichts arbeiten.* Sokrates konterte schlagfertig: *Hast du schon einmal darüber nachgedacht, wer von euch beiden mehr Schläge verdient, du oder dein Diener?*

Manchmal agiert Sokrates geradezu verhaltenspsychologisch. Einen Mann, der eine Phobie entwickelt hat, nämlich die neurotische Angst vor einer bestehenden Reise nach Olympia, fragt er: *Warum ist dir bange vor der Reise? Gehst du nicht auch zu Hause den ganzen Tag hin und her? Und was hast du auf der Reise dorthin anderes zu tun, als zu gehen, zu frühstücken, wieder zu gehen, die Hauptmahlzeit einzunehmen und dich zur Ruhe zu legen? Siehst du nicht ein, dass du nur die Gänge, die du hier in fünf bis sechs Tagen machst, aneinander zu reihen brauchst, um ganz bequem von Athen nach Olympia zu kommen? Es ist dir sicherlich auch noch angenehmer, wenn du um einen Tag früher aufbrichst, als wenn du mit Verspätung ankommst. Es ist beschwerlich, die Tagesreisen über Gebühr verlängern zu müssen; dagegen gewährt es große Erleichterung, wenn man zu den Reisetagen einen Tag zulegen kann. Es ist also besser, beim Aufbruch zu eilen als auf der Reise* (*Xenophon, Memorabilien*).

Sokrates unternimmt Seelenkunde, Seelenzergliederung. Er ist darüber hinaus ein Therapeut im direkten Sinn des Wortes. Das altgriechische Wort *therapeuein* bedeutet nichts mehr und nichts weniger, als einen Menschen zu *begleiten*. In dieser Begleitung findet der seelisch Angeschlagene wieder Selbstvertrauen. Im Reden, also in der Gesprächstherapie, klären sich die Ungereimtheiten der Seele. Hier werden familiäre Prägungen, Bannbotschaften, Regieskripte des Neurotischen entschlüsselt und neue Lebensschritte, gleichsam an der mütterlichen oder der väterlichen Hand der Therapeutin, des Therapeuten, ausprobiert. Treffend spricht daher Freud von der Psychoanalyse als einer *Redekur*.

Wir können bei Sokrates in den Dialogen nachvollziehen, wie er eine *Anamnese*, also eine Wiedererinnerung und Darlegung, des Menschen aufnimmt Wir sehen, wie er *Abwehrmechanismen* durchschaut. Wir spüren, wie er die Grundformen der Angst ernst nimmt und seinen Gesprächspartner in eine aufwühlende *Begegnung* hineinnimmt. Sokrates analysiert die Defekte des *Selbst*, er entwickelt eine *Diagnostik* (vom altgriechischen *diagnoskein*, durchschauen). Er betont, wie jeder Therapeut, die *Eigenverantwortlichkeit* des Klienten. Er weiß um die *Geist-Leib-Seele-Einheit*. Er nimmt die *Ich-Schwäche* wie die überhebliche *Ich-Stärke* eines Menschen wahr. Sokrates fragt Schuster, Kaufleute und Staatsmänner nach ihrer Identität. Er setzt auf die heilende Kraft der *Kommunikation*. Jeder Körpertherapeut würde sich über das hohe Maß der *Körperwahrnehmung* bei Sokrates freuen. *Leiblichkeit*, *Leibbewusstsein*, *und Leib-Selbst* rangieren bei Sokrates ganz obenan. Er ist hellsichtig für die Lebensskulptur jedes Menschen, ob er bedrückt oder vertrauensvoll einhergeht. Sokrates respektiert die Paradoxien und Widersprüche des Lebens, er kann sie stehen lassen und redet sie nicht platt.

Sokrates ist, was ein guter Therapeut sein sollte, eine Persönlichkeit von Ausstrahlung, flinkem Geist und Herzenswärme. Er setzt, auch hier ganz Therapeut, auf das Prozesshafte in der Entwicklung des Gutwerdens. Sein Anliegen sind *die Veränderungsarbeit*, *die Veränderungsstrategien*, *die Verantwortungsfähigkeit* und *Verantwortungsübernahme* seiner Schüler. Er ist, was ebenso zum Handwerk des Psychotherapeuten zählt, ein Meister der *Verbalisierung*. Sokrates glaubt im Sinne der humanistischen Psychologie von heute an die

Wachstumsfähigkeit des Menschen. Er setzt dem *Widerstand* des Klienten Geduld, Geduld, und nochmal Geduld entgegen.

Seine Methode, die Wahrheit zu entbinden, nennt Sokrates, wie wir gesehen haben, die *Hebammen-Methode*. Das ist beste Psychotherapie. Denn die Wahrheit steckt grundsätzlich meist noch ungeboren in dem Menschen, der ratlos und weinend in die Praxis kommt. Das Geheimnis guter Therapie ist es, in guter Gesprächsführung, aber möglicherweise auch mit Körperarbeit, psychodramatischer Inszenierung und Rollenspiel, die Wahrheit des Hilfe suchenden Menschen aus ihm selbst heraus entwickeln zu lassen, sie ihm nicht aufzunötigen. Wichtig ist dabei, dass der Psychotherapeut den gegenübersitzenden Menschen nicht einfach als *Patienten* betrachtet. Denn das Wort *Patient* kommt vom lateinischen *patiens*, das bedeutet *leidend*. Aber der Mensch, der da in der Sitzung seinen Kummer herausschluchzt, ist nicht nur ein Leidender. Er ist durchaus keine Trauerweide. Er kann Minuten später herzlich lachen und unbändige Lebensfreude verraten. Ja, er beschenkt im Prozess der Seelenarbeit den Therapeuten mit den reichen, gesunden Anteilen seiner Persönlichkeit.

Just so hat auch Sokrates seine Gesprächspartner nicht pathologisiert, seelisch krank erklärt, sondern sie in ihrer Widersprüchlichkeit, und das heißt auch in ihrem Reichtum, akzeptiert und geliebt. Sokrates verhält sich auch nicht wie ein Guru. Er ist nicht der Allwissende. Er entbindet den noch in sich gefangenen Gesprächspartner von seiner Wahrheit. Wenn die Geburt geglückt ist, verlässt Sokrates, wie seine Mutter Phainarete selig, als Hebamme die Stätte. Gibt es eine schönere und mündigere Definition vom Therapeuten?

Als Psychotherapeut bewundere ich in der Seelenkunde des Sokrates eines ganz besonders – seinen Appell an den *Eigensinn*. Man sollte das Wort der Deutlichkeit halber besser als Doppelwort schreiben, *Eigen-Sinn*. Sokrates selbst war ja nun wirklich ein mutmachendes Bockbein, ein früher Pionier des *zivilen Ungehorsams* gegen Staat und Mehrheitsmeinungen. Er folgte, wie wir sahen, in letzten Fragen unbeirrt seinem *daimonion*, der göttlichen Stimme in sich selbst.

Nichts fällt uns schwerer, als selbstbewusst

unseren Weg zu gehen. Allzu oft ist uns schon als Kind der Eigen-Sinn gebrochen worden. Wie wir den lebenswichtigen Mut zum Ich gewinnen, dazu gibt uns Sokrates theoretisch und lebenspraktisch, durch das Beispiel seines selbst den Tod nicht scheuenden Engagements, emotionale und intellektuelle Anstöße. Statt Fremdbestimmung, sagt Sokrates, brauchen wir Eigenleben. Wir sollen leben und nicht gelebt werden. Wir sollen Treue und Pflicht nicht in den Dienst einer falschen Sache stellen. Hinter meinen Lebenshemmungen stecken oft Ängste und überholte Selbstbilder, die mich festlegen und mich dazu veranlassen, Teile meines Selbst zu unterdrücken.

Ganz im sokratischen Sinne hat Hermann Hesse seinen berühmten Aufsatz *Eigensinn* verfasst. Die entscheidende Frage, sagt Hesse, ist die, *wem* man gehorcht: *Nämlich auch der Eigen-Sinn ist gehorsam. Aber alle anderen so sehr beliebten und benoteten Tugenden sind gehorsam gegen Gesetze, welche von Menschen gegeben sind. Einzig der Eigen-Sinn ist es, der nach diesen Gesetzen nicht fragt. Wer eigensinnig ist, gehorcht einem anderen Gesetz, einem einzigen, unbedingt heiligen, dem Gesetz in sich selbst, dem Sinn des Eigenen.*

Das Neue macht Angst. Der Umbruch ist ungemütlich. *Der Neurotiker*, so lautet ein altes Therapeutenwort, *zieht sein bekanntes Unglück dem unbekannten Glück vor.* Fast jeder Aufbruch ist Gewinn und Verlust. Wir verlieren das „Vertraute", das selbst in seiner Unzumutbarkeit noch Schützende, wir verlieren ein gewohntes Lebensplateau. Aber schon der vorsokratische griechische Philosoph Heraklit erkannte, *panta rhei, alles fließt*. Und: *Es ist unmöglich, zweimal in denselben Fluss zu steigen.* Leben bedeutet ständige Veränderung. Wer nicht handelt, wird behandelt.

Sokrates ermutigt uns dazu, unsere intellektuellen Unredlichkeiten zu durchschauen, unsere *Schattenpersönlichkeit* (C. G. Jung) nicht zu verleugnen und immer wieder aufs Neue das Böse in uns zu bekämpfen. Zu diesem Zweck eines stimmigen und damit glücklichen Lebens fordert er uns auf. Er zwingt uns zur Revision unserer falschen Begriffe und Weltdeutungen. Sokrates könnte wörtlich das gesagt haben, was die große verstorbene amerikanische Familientherapeutin Virginia Satir so ausdrückte: *Vielleicht wäre es einer der größten Liebesdienste an uns selbst, wenn wir uns einmal alle unsere Überzeugungen daraufhin anschauen würden, ob sie heute überhaupt noch zu uns und zu unserem Leben passen oder ob sie Relikte aus der Vergangenheit sind, die wir unüberprüft mit uns herumschleppen.*

Die *göttliche Stimme*, das *daimonion*, ist Kompass meiner Lebensfahrt. Die Norm des Gewissens ist meine wichtigste Instanz. Den Sinn und die Moral meines Lebens muss *ich* herausfinden. Keiner kann mir das abnehmen. Ich habe mein Glück und meine Pflicht in mir. Ich muss unbequem sein, auch wenn die ganze Welt mich auslacht. Wichtig ist, so lässt uns Sokrates wissen, dass ich immer wieder die Anstrengung auf mich nehme, gut zu sein. Unerlässlich ist, dass ich vor meinem Herzen bestehen kann.

So sokratisch hat das auch Theodor Fontane in einem klassisch gewordenen Gedicht ausgedrückt:

Es kann die Ehre dieser Welt
Dir keine Ehre geben,
Was dich in Wahrheit hebt und hält,
Muß in dir selber leben.

Wenn's deinem Innersten gebricht
An echten Stolzes Stütze,
Ob dann die Welt dir Beifall spricht,
Ist all dir wenig nütze.

Das flücht'ge Lob, des Tages Ruhm
Magst du dem Eitlen gönnen;
Das aber sei dein Heiligtum:
Vor d i r bestehen können.

*

Der Wahrheit kannst du nicht widersprechen,
dem Sokrates zu widersprechen, wäre nicht schwer.

Sokrates

Eros

Mir nämlich scheinen die Menschen die Macht des Eros durchaus nicht erkannt zu haben; denn hätten sie das, so würden sie ihm wohl die größten Tempel und Altäre errichten und ihm die reichlichsten Opfer darbringen.

Agathon
Platon, Symposion

Die Liebe fristet in der klassischen Philosophie von Aristoteles bis Hegel und bis in die heutige Universitätsphilosophie eine kümmerliche Rolle. In den zahlreichen Handbüchern philosophischer Grundbegriffe, die ich mir im Laufe meines Lebens für teures Geld erwarb, taucht sie entweder überhaupt nicht auf oder in einem Abstraktionsgrad, dass ich meine, Ausführungen über die Quantenphysik zu lesen. Das ist ein blinder Fleck der Philosophen und ein schwerer Mangel der Philosophien. Die Denker gehen damit am

„Nichts anderes behaupte ich zu verstehen als die Erotica.“

Leben und einer ihrer wichtigsten Manifestationen, der Liebe, vorbei.

Anders Sokrates. In wohl kaum einem anderen philosophischen Denken spielt der Eros eine solche zentrale, theoretische wie praktische Rolle. Sokrates war homosexuell und bekannte sich zu seinem Schwulsein öffentlich. Er liebte junge Männer mit gerade flaumendem Bartwuchs. Ein solcher Mann hätte das gesamte christliche Mittelalter hindurch, aber auch in der Neuzeit bis vor wenigen Jahrzehnten keinen philosophischen Lehrstuhl erhalten. Ihm wäre in der Bundesrepublik die Einstellung im öffentlichen Dienst verwehrt worden.

Sokrates ist als Philosoph ein Erotiker. Das ist durchaus anstößig, auch wenn die meisten Sokrates-Kommentatoren diesen Umstand geflissentlich umgehen. Der Hochkultur der athenischen Oberschichten seiner Zeit entsprechend machte Sokrates die Jünglinge zum Gegenstand seiner verehrenden Liebe und des pädagogischen Formens. Man darf sich diese Liebe trotzdem nicht *platonisch* vorstellen, sie war sinnlich bis in die Knochen. Dass Sokrates zur gleichen Zeit verheiratet war, drei Söhne zeugte und möglicherweise, was Biographen andeuten, noch Myrto als Zweitfrau hatte, macht das erotische Profil seiner Persönlichkeit nicht eben einfacher. Sokrates darf, so scheint mir, in seiner erotischen Potenz nicht entschärft werden. Er vertritt als bekennender Schwuler seine Position. Wie er sie vertritt, das ist fulminant.

Seine Liebe zu jungen Männern ist, wie gesagt, sinnlich. Das wird unter anderem in dem Dialog *Charmides* deutlich. Charmides ist ein bezaubernd schöner junger Mann. Sokrates erinnert sich: *Damals nun aber erschien mir jener nach Größe und Schönheit ganz bewundernswert. Die Übrigen alle waren, wie mir vorkam, verliebt in ihn, so aufgeregt und lärmend waren sie, als er eintrat. Auch unter denen, die ihm folgten, waren noch viele andere Liebhaber. Bei uns nun, den Männern, war das weniger zu verwundern; aber auch bei den Knaben bemerkte ich, wie keiner von ihnen anderswohin blickte, auch der Kleinste nicht, sondern alle auf ihn schauten wie auf ein Götterbild.*

Kritias, der Freund des Sokrates, verrät dem Philosophen einen Weg, mit Charmides ins Gespräch zu kommen. Charmides habe morgens Kopfweh. Sokrates solle sich so anstellen, als ob er eine Medizin dagegen wisse. Gesagt getan. Hören wir Sokrates: *Hernach aber, als Kritias ihm sagte, ich wäre der, welcher das Mittel wüsste, und er mich, ich kann gar nicht beschreiben wie, mit seinen Augen ansah, als wollte er fragen, und als uns nun alle im Kreise umringten, da, du Herrlicher, sah ich ihm unter das Gewand und entbrannte. Ich war nicht mehr bei mir, sondern dachte, Kydias wäre wohl sehr weise in der Liebe, welcher in Beziehung auf einen schönen Knaben bildlich sagt, es hütet das Reh sich, dem Löwen ins Angesicht kommend, zur Beute ergriffen zu werden. Denn ich selbst dünkte mich nun von einem solchen Tiere gefangen.*

Man hat diesen erotisch entflammbaren Sokrates in den prüden Übersetzungen aus dem Altgriechischen in der Regel philologisch kastriert. Noch in meiner Ausgabe der platonischen Dialoge aus den 60er Jahren (*Lambert Schneider, Heidelberg*) heißt es abschwächend, Sokrates habe *in das Gewand* statt *unter* das Gewand geblickt. Wie verklemmt sind wir doch.

Dagegen würdigte ein Friedrich Hölderlin (1770–1843) in seinem Gedicht *Sokrates und Alkibiades* das *Schöne* im sokratischen Eros:

Warum huldigst du, heiliger Sokrates,
Diesem Jünglinge stets? Kennest Größeres nicht?
Warum sieht mit Liebe,
Wie auf Götter, dein Aug auf ihn?

Wer das Tiefste gedacht, liebt das Lebendigste,
Hohe Jugend versteht, wer in die Welt geblickt,
Und es neigen die Weisen
Oft am Ende zu Schönem sich.

Sokrates rückt die Liebe in ihrer geschlechtlichen Äußerung wie in ihrer transzendierenden, die Persönlichkeit übersteigenden, ethischen Qualität in den Mittelpunkt seiner philosophischen Erörterungen. Platon, der „Berichterstatter" des Sokrates, hat das sokratische Liebesmilieu in einem der aufregendsten und poetischsten Dokumente der philosophischen Weltliteratur verewigt, dem *symposion*, dem *Gastmahl*. Dessen Entstehungsgeschichte ist spannend. Sie geht auf den Tragödiendichter Agathon zurück, der 416 vor unserer Zeitrechnung im Wettbewerb der Tragödienschreiber den Sieg errang. Das wollte er feiern. Also lud er die engsten Freunde in sein Haus ein. Das waren Aristophanes, der Komödiendichter, der in seinem Stück *Die Wolken*, wie bereits gesagt, Sokrates als gerissenen geschäftstüchtigen Sophisten karikierte. Da war Phaidros, ferner Eryximachos, ein Arzt, schließlich Pausanias und Sokrates (*Ich habe mich so schön herausgeputzt, um als Schöner vor einem Schönen zu erscheinen*). Später kam Alkibiades.

Weil die Herrenrunde unter sich bleiben will, schickt sie die Flötenspieler und Tänzerinnen nach Hause. Eryximachos macht den Vorschlag, jeder der Teilnehmer möge eine Lobrede auf den Eros halten, *so schön er nur kann*. So kommt es zu sechs Reden, die letzte hält Sokrates. Alkibiades ist angetrunken und geschmückt mit einem Kranz von Efeu und Veilchen und Bändern auf dem Haupt. Wie ein dionysischer Bacchant tritt der bildschöne Mann auf. Wir wissen es bereits, Alkibiades ist eine schillernde Persönlichkeit. Der sizilianische Feldzug gegen Syrakus, der Athens Katastrophe provozierte, geht auf sein Betreiben zurück. Alkibiades floh nach der Niederlage nach Sparta, kämpfte auf der Seite dieses verhassten Gegners gegen Athen, versöhnte sich dann aber wieder mit seiner Heimatstadt, feierte dort Triumphe. (Nach der bedingungslosen Kapitulation Athens flieht er nach Kleinasien und wird 404 in Melissa ermordet).

Zurück zum sinnenfrohen *Gastmahl*. Phaidros erklärt eingangs, *dass Eros einer der ältesten Götter sei. Als einer der Ältesten ist er uns aber zugleich Urheber der höchsten Güter.* Phaidros wird im Laufe seiner Rede immer enthusiastischer. Am Ende erwärmt er sich nachgerade für eine erotische Utopie: *Ließe sich daher ins Werk setzen, einen Staat oder ein Heer aus lauter Liebhabern und Geliebten zu bilden, so ist gar nicht zu denken, wie ein Staat im Innern besser verwaltet werden könnte … Denn ein liebender Mann würde es gewisslich schlimmer aufnehmen, von seinem Geliebten erblickt zu werden, wie er aus den Reihen wiche oder die Waffen wegwürfe, als von allen übrigen Menschen. Er würde einen vielfachen Tod dieser Schande vorziehen. Oder gar den Liebling zu verlassen und ihm nicht beizustehen in der Gefahr – so feige ist kein Mensch, den Eros selbst nicht begeistern sollte zur Tapferkeit … Ja, sogar füreinander zu sterben sind die Liebenden, und nur sie, bereit, und zwar nicht bloß Männer, sondern auch Frauen.*

Phaidros schlussfolgert: *So behaupte ich denn*

also, dass Eros unter den Göttern … am meisten im Stande sei, den Menschen zur Erwerbung der Tugend und Glückseligkeit zu verhelfen im Leben und im Tode. Das ist auch die Position seines geistigen Lehrers Sokrates.

Wohl am schönsten und bis heute zum klassischen Bildungsgut gehörend ist die Erzählung des Komödiendichters Aristophanes über den altgriechischen Mythos vom Eros und der Trennung der Geschlechter in Frau und Mann. Die Menschen hätten sich, berichtet Aristophanes, klüger geworden, gegen die Götter empört. Das ist eine vorchristliche Variante des Sündenfallmythos, ein klassisches Versatzstück vieler Religionsmythen. Aristophanes fasst zusammen: *Zeus nun und die übrigen Götter hielten Rat, was sie mit ihnen anfangen sollten. Sie wussten sich nicht zu helfen. Denn sie wünschten nicht, sie zu töten und ihre ganze Gattung zu Grunde zu richten. Denn damit wären ihnen auch die Ehrenbezeugungen und Opfer von den Menschen gleichzeitig zu Grunde gegangen. Sie durften sie aber auch nicht ungestraft weiter freveln lassen. Endlich, nach langer Überlegung, sprach Zeus: „Ich glaube ein Mittel gefunden zu haben, wie die Menschen erhalten bleiben können und doch ihrem Übermut Einhalt geschieht, indem sie von mir geschwächt werden. Ich will nämlich jeden von ihnen in zwei Hälften zerschneiden. So werden sie zugleich schwächer und uns nützlicher werden, weil dadurch ihre Zahl vergrößert wird. Sie sollen nunmehr aufrecht auf zwei Beinen gehen.*

Bis dorthin existierte das Geschlecht der *Mannweiber*. Damals war, wie Aristophanes erzählt, *die ganze Gestalt jedes Menschen rund, indem Rücken und Seiten im Kreise herumliefen und ein jeder hatte vier Hände und ebenso viele Füße und zwei aneinander durchaus ähnliche Gesichter … aber einen gemeinschaftlichen Kopf, ferner vier Ohren und zwei Schamteile. … Man bewegte sich wie die Radschlagenden, die Beine aufwärts gestreckt sich überschlagend, so, auf seine damaligen acht Glieder gestützt, schnell im Kreise fort.*

Zeus fackelte nicht lange: *Nachdem er das gesagt, schnitt er die Menschen entzwei, wie wenn man Beeren zerschneidet, um sie einzumachen oder Eier mit Pferdehaaren.* Die Zweiteilung des ursprünglichen Mann-Weib-Wesens erwies sich als Glanz und Tragödie. Aristophanes: *Jeder von uns ist demnach nur eine Halbmarke von einem Menschen, weil wir, zerschnitten wie die Schollen, z w e i aus e i n e m geworden sind. Daher sucht denn jeder beständig seine andere Hälfte ... und so führt die Begierde und das Streben nach dem Ganzen den Namen Eros.*

Die Liebe ist infolgedessen immer wieder eine *coincidentia oppositorum*, ein Zusammenfallen von Gegensätzen. Liebe bedeutet Reichtum und Armut zugleich. Das, sagt Sokrates in seiner Lobrede, habe ihm die liebeskundige Diotima gesagt. Penia, die Göttin der Armut, habe sich von dem betrunkenen Poros, dem Gott des Handels und Wohlstands, ein Kind erschlichen: *Sie legte sich also zu ihm hin und empfing den Eros. ... Als Sohn des Poros und der Penia nun ist dem Eros folgendes Los zuteil geworden. Erstens ist er beständig arm ..., barfuß und obdachlos und ohne Decken schläft er auf der bloßen Erde. Von seinem Vater her aber stellt er wiederum dem Schönen und Guten nach, ist mannhaft, verwegen und beharrlich, ein gewaltiger Jäger und unaufhörlicher Ränkeschmied, der stets nach der Wahrheit trachtet und sie sich auch zu erwerben versteht.* Eros stehe solchermaßen in der Mitte *zwischen Weisheit und Unwissenheit.* Sokrates betont: *Die Liebe aber ist auf alles*

Schöne gerichtet: Folglich ist Eros ein Philosoph. Als Philosoph aber steht er in der Mitte zwischen einem Weisen und einem Unwissenden. Ursache auch hiervon ist ihm seine Geburt: Denn er stammt von einem weisen und erfindungsreichen Vater, aber von einer unweisen und ungeschickten Mutter. So ist die Natur dieses Dämons beschaffen.

Für Sokrates ist der *Dämon* Eros, über seine gewaltige sinnliche Komponente hinaus, die zentrale Kraft, welche die Seele des Menschen bewegt, das Gute, Schöne und Wahre zu suchen. Sie macht ihn zu einem auf die Erkenntnis und den Besitz des Guten angelegten Wesen. Durch die Liebe wird der Mensch über sich selbst hinaus geführt. Er transzendiert den Alltag. Die Liebe erweist sich so als die zeugende Kraft des Guten und Schönen. Die Liebe ist, durch alle Liebe zum Einzelnen hindurch, die Liebe zu dem einen absolut Guten. Die nie zur Sehnsucht nach Wissen erwachten Menschen können nicht lieben. Liebe setzt Mangel, Ergänzungsbedürftigkeit und Unvollkommenheit voraus. Deswegen können die Götter nicht lieben. Sie sind bereits im Besitz der Vollkommenheit.

Lieben kann nur der Mensch, dessen Seele durch die Berührung mit den sinnlichen schönen Dingen aufsteigt zu der Schönheit und Ordnung der Dinge schlechthin. Eros ist der Sohn des Poros und der Penia, des beseligenden Reichtums und der immer hungrigen Armut zugleich. Der Eros zeigt sich in den beiden Gestalten der irdischen und der himmlischen Liebe. Die gewöhnliche Liebe strebt nach dem einzelnen sinnlichen Schönen. Sie wird getrieben vom geschlechtlichen Affekt. Die himmlische Liebe strebt nach dem Schönen schlechthin und damit zugleich nach Unsterblichkeit. Ohne Liebe, so Sokrates, kein Wissen. Mit Goethe zu sprechen: *Man lernt nichts kennen, als was man liebt.*

Auch in der körperlichen Liebe sollte, so Sokrates, auch immer ein geistiges, bildendes Element enthalten sein. Der Athener, der die Freundschaft zu einem Jüngling suchte, empfand sich zugleich als dessen Lehrer, Führer und spirituellen Bildner. *Nichts anderes behaupte ich zu verstehen als die Erotika*, bekennt Sokrates während des Gastmahles.

Hinreißend zu lesen ist, wie der schöne Alkibiades sein eigenes Verliebtsein in Sokrates und die schnurrige Geschichte seiner vergeblichen Verführungsbemühungen gegenüber dem Philosophen schildert. Denn Sokrates ist eine komplizierte Natur, chronisch verliebt einerseits, durchaus aber auch seine Affekte beherrschend und einen Liebhaber zur Weißglut treibend. Alkibiades kann das nicht verstehen. Er beobachtet: *Ihr seht nämlich, wie sehr Sokrates in schöne Jünglinge verliebt ist und sie beständig umschwärmt und außer sich ist vor Entzücken über sie …*

Dabei hat es Alkibiades, wie man so schön sagt, erwischt, die Schmetterlinge rasen förmlich in seinem Bauch: *Denn wenn ich ihn höre, dann pocht mir das Herz weit stärker, als wenn ich vom Korybantentaumel ergriffen wäre und Tränen entströmen meinen Augen bei seinen Reden. Ich sehe aber, dass auch sehr vielen anderen dasselbe widerfährt. Wenn ich dagegen den Perikles und andere gute Redner hörte, schienen sie mir zwar wohlgesprochen zu haben. So etwas jedoch habe ich nie dabei empfunden, noch war meine Seele dabei in Aufregung oder klagte mein eigenes Herz mich an, dass ich mich in einem Zustande befinde, wie er eines freien Mannes unwürdig ist.*

Alkibiades, hoffnungslos verliebt, macht sich nun daran, den Sokrates zu verführen. Mit der Liebe des Sokrates glaubt er, auch dessen Geistigkeit zu gewinnen. In vier Anläufen bedrängt er den listigen Sokrates. Das liest sich wie eine Slapstickkomödie.

Erster Anlauf: *Da ich nun wähnte, dass er nun ernstlich nach dem Genusse meiner Reize strebte, so hielt ich dies für einen herrlichen Fund und einen wunderbaren Glücksfall für mich, da ich glauben durfte, dass mir, wenn ich dem Sokrates zu Willen wäre, alles zu Gebote stehen würde, was er selber wüsste; ich bildete mir auf meine Reize Wunder wie viel ein.* Man darf dabei nicht vergessen, dass Alkibiades blendend aussah, aus einem der besten großbürgerlichen Häuser Athens stammte und über Bildung und Reichtum verfügte. Was macht der glühende Liebhaber? *Während ich daher bisher nicht ohne Gegenwart eines Dieners allein mit ihm zu bleiben pflegte, schickte ich jetzt in dieser Erwägung jenen fort und blieb mit ihm ganz allein, ... ich blieb also ganz allein mit ihm, Freunde. Ich erwartete nun, dass er sofort zu mir sprechen würde, wie wohl ein Liebhaber zu einem Geliebten, wenn sie ohne Zeugen sind, zu sprechen pflegte, und freute mich schon darauf.* Fehlanzeige: *Aber es geschah von alledem gar nichts, sondern er sprach mit mir ganz wie sonst gewöhnlich. Nachdem er den Tag mit mir zugebracht hatte, ging er nach Hause.*

Alkibiades lässt nicht locker. Der Verliebte startet die zweite Attacke: *Darauf lud ich ihn ein, meine Leibesübungen zu teilen. Ich teilte sie auch wirklich mit ihm, um dabei zum Ziele zu kommen. Er übte sich also und rang mit mir ohne jemandes Beisein. Und was bedarf es weiterer Worte? Auch hierbei richtete ich ebenso wenig etwas aus.*

Beim dritten Anlauf dosiert Alkibiades seine Liebesmedizin für den widerspenstigen Sokrates massiver: *Da ich nun auf keinem dieser Wege meinen Zweck erreichte, so glaubte ich dem Manne stärker zusetzen zu müssen und nicht nachlassen zu dürfen, da ich einmal angefangen hatte. Ich wollte erfahren, wie es mit der Sache stände. Ich lade ihn also ein, mit mir zu Abend zu speisen, indem ich ihm gerade wie ein Liebhaber seinem Geliebten nachstellte. Er aber sagte mir dies nicht einmal sogleich zu; mit der Zeit indessen ließ er sich überreden.* Wieder klappt es nicht: *Als er nun das erste Mal zu mir kam, wollte er nach dem Essen wieder weggehen. Ich ließ ihn, diesmal aus Scham, auch noch wirklich fort.*

Dann unternimmt der hoffnungslos liebeswütige Alkibiades seinen vierten Angriff: *Nachdem er* (ein zweites Mal bei mir – M. J.) *gegessen hatte, hielt ich ihn mit Gesprächen bis in die Nacht hinein auf. Als er endlich gehen wollte, stellte ich ihm vor, dass es schon zu spät wäre und nötigte ihn zu bleiben. So legte er sich denn auf dem Lager zur Ruhe, das an das meine stieß und auf dem er auch zu Tische gelegen hatte. Kein anderer schlief in dem Zimmer als wir.*

Eigentlich müsste es ja jetzt wohl klappen, denkt der Leser. Aber es kommt anders als er denkt. Alkibiades klagt herzzerreissend: *Bis hierher nun könnte ich die Sache wohl noch jedermann erzählen. Was aber nun folgt, würdet ihr schwerlich so bald von mir hören, wenn nicht erstens der Wein die Wahrheit sagte ... und wenn es mir ferner nicht ungerecht erschiene, eine stolze Tat des Sokrates zu verschweigen, nachdem ich es einmal übernommen, ihm eine Lobrede zu halten. ... Als nun nämlich, ihr Freunde, das Licht ausgelöscht war und die Sklaven das Zimmer verlassen hatten, da glaubte ich ohne weitere Umschweife gegen ihn gerade heraus mit der Sprache über meine Absichten gehen zu müssen. Ich stieß ihn daher an und fragte ihn: „Sokrates, schläfst du?“*

„Nein“, erwiderte er.

„Weißt du, was ich beabsichtige?“

„Nun, was denn?“ fragte er.

„Es will mir scheinen“, erwiderte ich, „als ob du der einzige meiner Liebhaber bist, der es zu sein verdient, und als ob du dich scheust, mir deine Wünsche zu gestehen. Ich aber denke so: Es wäre, wie ich meine, töricht, wollte ich hierin dir nicht ebenso zu Willen sein, als wenn du sonst irgendwie meiner bedarfst, sei es in Bezug auf mein Vermögen oder meine Freunde. Denn mir liegt nichts näher am Herzen als dies: Ein möglichst tüchtiger Mann zu werden. Jetzt aber glaube ich, eine geeignetere Beihilfe nicht finden zu können als die deinige …

Er aber, als er dies vernommen, antwortete wiederum ganz mit seiner gewohnten Ironie: „Mein guter Alkibiades, du scheinst mir wirklich gar nicht dumm zu sein, wenn es in der Tat mit dir so steht, wie du meinst, und ich wirklich eine solche Kraft in mir habe, dich zu veredeln. Denn wahrlich, eine wunderbare Schönheit würdest du dann in mir erblicken, welche die Wohlgestalt an dir weit übertrifft. Wenn du also in Folge dieses Anblickes an ihr teilnehmen und den Genuss deiner Schönheit gegen dem der meinigen auszutauschen wünschest, so merkst du dabei recht wohl, dass du mich nicht etwa um ein Geringes übervorteilst. Du suchst um den Preis eines bloßen Scheines von Schönheit dir die wahre Schönheit zu erwerben und in der Tat eine goldene Rüstung für eine eherne einzutauschen.

Alkibiades muss sein erotisches Waterloo hinnehmen: *Ich stand auf und ließ ihn nicht weitersprechen, sondern warf mein eigenes Oberkleid über ihn – es war nämlich gerade Winter – und legte mich unter seinen Mantel und schlang meine Arme um diesen wahrhaft dämonenbeseelten wunderbaren Mann. So lag ich die ganz Nacht neben ihm. … Als ich nun dies alles tat, da zeigte der Mann seine Überlegenheit in einem staunenswerten Grade und verachtete und verspottete, ja, verhöhnte meine blühende Schönheit, auf welche ich mir doch Wunder wie viel eingebildet hatte. … Denn bei allen Göttern und Göttinnen, ihr könnt es glauben, nachdem ich mein Lager mit Sokrates geteilt hatte, stand ich wieder auf, ohne dass irgend etwas Weiteres vorgegangen wäre, ganz so, als ob ich bei meinem Vater oder einem älteren Bruder geschlafen hätte.*

Platon vermeldet den stürmischen Erfolg, den Alkibiades mit seinem Bericht erntete: *Als nun Alkibiades so gesprochen, sei ein allgemeines Gelächter über seine Offenherzigkeit entstanden, zumal daraus hervorzugehen schien, dass er noch immer in den Sokrates verliebt sei.*

Andere Zeiten, andere Sitten. Um es noch einmal zu sagen: In Griechenland war die gleichgeschlechtliche Beziehung von älteren zu jüngeren Männern weit verbreitet, ja sie fand öffentliche Förderung. Bei den Dorern war sie mit dem Soldatentum verknüpft. Ethische und sinnliche Bestrebungen standen gleichberechtigt nebeneinander. In Kreta raubte der ältere Liebhaber, mit Duldung der Familie, den jungen Mann, um ihn acht Wochen lang in den militärischen Künsten zu unterweisen. Die Spartaner bestellten den Liebhaber zum gesetzlichen Vormund des jungen Mannes. Als das beste Alter für einen Geliebten galten sechzehn Jahre. Es war eher ein Makel, keinen Liebhaber zu haben.

Insgesamt entpuppt sich bei Sokrates, dem klassischen Vertreter der griechischen Hochkultur, der Eros als eine Hymne auf das Leben, frei nach Nietzsche: *Der Kampf um die Lust ist der Kampf um das Leben.* Wir betreten mit Sokrates eine erotische Welt, die noch nicht durch Sanktionen einer Amtskirche sexualneurotisch gebrochen ist. Nietzsche beschrieb diese Vertreibung des anarchischen, freiheitlichen und Schönheit schaffenden antiken Eros durch die Priesterkaste mit den schneidenden Worten: *Das Christentum gab dem Eros Gift zu trinken. Er starb zwar nicht daran, aber er entartete zum Laster.*

Wenn ich in der täglichen psychotherapeutischen Praxis sehe, wie viele Frauen und Männer unter einem schlechten Eros, das heißt unter mangelnder Lebenslust im Allgemeinen und einer armseligen Sexualität im Speziellen, leiden, so scheint mir die Lobrede auf den Eros im *Gastmahl* heute noch aktuell. Wie sagt Agathon so schön: *Mir nämlich scheinen die Menschen die Macht des Eros durchaus nicht erkannt zu haben. Denn hätten sie das, so würden sie ihm wohl die größten Tempel und Altäre errichten und ihm die reichlichsten Opfer darbringen, während jetzt nichts von dem allen ihm widerfährt, was doch vor allem anderen geschehen sollte. Denn er ist der menschenfreundlichste von den Göttern, indem er den Menschen ein Helfer und ein Arzt für diejenigen Übel ist, deren Heilung dem Menschengeschlechte die größte Glückseligkeit gewähren dürfte*. In diesem Sinn pflegte auch der große Seelenarzt und Ernährungspionier Dr. med. Max Otto Bruker (1909–2001) zu sagen, *die höchste Arznei aber ist die Liebe.*

*

Grad und Art der Geschlechtlichkeit eines Menschen reichen bis in den letzten Gipfel seines Geistes hinauf.

Friedrich Nietzsche
Jenseits von Gut und Böse

Der Prozess

Die Geburtsstunde des klassischen griechischen Denkens schlug bei dem Prozess und der Hinrichtung des Sokrates;
Die Geburt des Christentums erfolgte als Antwort auf den Prozess und die Kreuzigung Jesu;
Die Geburt der modernen Wissenschaft wurde eingeleitet durch den Prozess und die Verurteilung Galileis.

Richard Tarnas,
Idee und Leidenschaft.
Die Wege des westlichen Denkens

Vermutlich im Januar des Jahres 399 vor Christus bekommt der *Archon Basileus*, der athenische Beamte, der für die religiösen Angelegenheiten zuständig ist, in seinem Amtssitz, der sogenannten *Königshalle* auf der Agora, Besuch von dem reichen Gerber Meletos. In seiner Begleitung befinden sich die athenischen Bürger Anytos und Lykon. Sie er-

„Solange ich atme, werde ich nicht aufhören, nach Wahrheit zu suchen."

heben Klage gegen den siebzigjährigen Sokrates wegen Religionsfrevels. Der hohe Beamte prüft seine Zuständigkeit, die Rechtmäßigkeit und Korrektheit der Anklage, lässt die Kläger ihren Standpunkt unter Eid beschwören und setzt einen freien Tag im Gerichtskalender für die Verhandlung an. Der Schreiber des *Archon Basileus* nimmt die beeidigte Klage und den Prozesstermin auf einer Wachstafel zu Protokoll. Diese Mitschrift wird mit Kohle auf eine geweißte Holztafel übertragen und an zentraler öffentlicher Stelle ausgehängt, damit die Athener dem Prozess beiwohnen können. Diogenes Laertios hat uns den Wortlaut der Anklage überliefert: *Diese Anklage hat eingebracht und als wahr beschworen Meletos, der Sohn des Meletos, aus dem Demos* (Stadtbezirk – M. J.) *Pitthos, gegen Sokrates, den Sohn des Sophroniskos, aus dem Demos Alopeke: Sokrates tut Unrecht, indem er nicht an die Götter glaubt, an die die Stadt glaubt, sondern andere, neue dämonische Wesen einführt; außerdem tut er Unrecht, indem er die Jugend verdirbt. Als Strafe wird der Tod beantragt.*

Die Anklage ist tödlich ernst zu nehmen, auch wenn Sokrates in seinem vor dem drohenden Gerichtsprozess stattfindenden Dialog mit Eutyphron (über die Frömmigkeit) die Anklage eher bagatellisiert. Die *asebeia*, die Anklage wegen Gottlosigkeit, hat in Athen eine böse Geschichte. Ein Gesetz, wonach auf die Asebie, den Religionsfrevel, die Todesstrafe bestand, hatte es fast das ganze fünfte Jahrhundert hindurch schon gegeben. Aber es bezog sich zunächst – nicht anders wie der heutige Schutz der Religionsgemeinschaften und ihrer Kultstätten – auf Tempelraub, Beschädigung von Götterbildern, Verweigerung des staatlichen Opferkults, aber auch auf die Verletzung des Asylrechts der Tempel und Altäre. Das Gesetz bedrohte, ganz im Geiste der frühgriechischen Aufklärung, nicht die Geistesfreiheit, es war keine Gesinnungszensur und ließ sogar religiöse Ungläubigkeit zu. Doch die Zeiten wandelten sich. Im Zeichen der Krise beschlossen die athenischen Gesetzgeber 432 rigoros: *Es sollen die Leute vor Gericht gezogen werden, die nicht an die Religion glauben oder Unterricht in der Astronomie erteilen.*

Das Gesetz war zunächst auf den kritischen Denker Anaxagoras gemünzt. Er wurde zum

Tode verurteilt, konnte aber rechtzeitig aus Athen flüchten. Selbst die Gattin des Perikles wurde, erfolglos, wegen Asebie angeklagt. Der sophistische Philosoph Protagoras, ebenfalls angeklagt, entging dem Todesurteil durch Flucht, bei der er jedoch ertrank. Alkibiades stand unter dem Vorwurf, *nicht an die Religion (zu) glauben.* Ja, sogar Aristoteles, der größte systematische Denker der Antike, wurde durch einen Asebieprozess aus Athen vertrieben. Gleiche Prozesse wurden den Philosophen Theophrast, Stilpon und Theodoros angehängt. Das sind die Schattenseiten der geistigen Weltmetropole, als sie in die Krise geriet. Damals entstanden die ersten Bücherverbrennungen, denn das Schrifttum der zum Tode verurteilten Dissidenten wurde beschlagnahmt und öffentlich verbrannt.

Sogar Platon wurde nach der Hinrichtung seines Lehrers Sokrates der athenische Boden zu heiß. Er verschwand elf Jahre aus Athen. Als er 388 zurückkehrte, gründete er ganz offiziell eine Schule und unterstellte sie sicherheitshalber als *eingetragenen Kultverein der Musen* der Obrigkeit. Das Schulgebäude befand sich auf einem baumreichen Grundstück vor der Stadt mit dem Flurnamen *Akademeia*. Platons pädagogische Anstalt hatte daher den Namen *Gymnasion akademeia*, woher sich der heutige Begriff der Akademie ableitet. Platon ließ seinen *Kultverein* eigens von Priestern segnen, denn er scheute sich nach dem Justizverbrechen an Sokrates vor jeglichem Konflikt mit dem Asebiegesetz.

Wie verlief nun der Prozess selbst? Am angesetzten Gerichtstag, der im Februar oder März 399 gewesen sein muss, strömen die bei den Behörden angemeldeten Kandidaten für das Richteramt schon am frühen Morgen zum Prozessgebäude. Denn die Zeit ist knapp, laut athenischem Gesetz muss das Urteil bis zum Abend gesprochen werden. Die attische Prozessordnung bestimmt, dass zu jedem einzelnen Prozesstag die Richter für die einzelnen Gerichtshöfe und Gerichtsverfahren durch Losverfahren ausgewählt werden, um jeden Verdacht einer Prozessmanipulation oder der Korruption auszuräumen. Jeder Bürger, der nun durch das Los zum Laienrichter bestimmt wird, erhält einen *bakterion*, einen Richterstab. Dieser zeigt durch eine bestimmte Farbe den speziellen Gerichtshof an. Die Vorsicht der

Justizbehörden geht noch weiter: Die zum Richter bestellten Bürger müssen am Eingang jedes Gerichtshofes ein *symbolon* ziehen. Das ist eine mit einem Buchstaben versehene Marke, die ihm einen der insgesamt fünfundzwanzig Sektionen des Gerichtshofes zuweist. Von diesem justiziellen *symbolon* leitet sich der heutige Begriff *Symbol* ab.

Natürlich sind die Laienrichter – man könnte auch von Geschworenen sprechen – von der Zeit und der aktuellen kritischen politischen Stimmungslage geprägt. Die meisten von ihnen haben noch die Hochzeit des Seebundes unter Führung Athens, das *Goldene Zeitalter* des Perikles erlebt. Sie haben aber auch unter den siebenundzwanzig Jahren des Bürgerkriegs mit Sparta gelitten. Vor allem aber sind sie erbittert über Athens Niedergang seit der Kapitulation vor Sparta im Jahre 403.

Der Wiener Altphilologe Theodor Gompertz lässt in seinem 1909 beendeten vierbändigen Standardwerk *Griechische Denker* einen imaginären älteren Athener über die allgemeine Misere, die „aufrührerische" Tätigkeit des Sokrates und die „Dreistigkeit" der „gottlosen" Jugend wie folgt räsonieren: *Du er-*

kennst Athen nicht wieder? Die Straßen menschenleer, der Hafen verödet! Was Wunder? Unsere Niederlagen, der Verlust der Flotten, der Kolonien, der Tribute, hat uns zu einem armen, auch an Hoffnungen armen Volk gemacht. Willst du frohe Mienen sehen, dann wandere nach Sparta. ... Wie dreist ist unsere Jugend geworden, wie ist alle fromme Scheu geschwunden! Und an alledem sind die neumodischen Weisheitslehrer schuld. Anaxagoras ist allerdings schon vor einem Menschenalter der Gottlosigkeit angeklagt und landflüchtig geworden. Nicht anders Protagoras. Aber das Schlimmste ist uns geblieben; der alte Sokrates treibt noch immer wie ehemals sein Wesen, obgleich ihn Aristophanes schon vor mehr als zwanzig Jahren entlarvt hat, und wie ist ihm seitdem der Kamm geschwollen! Hat ihn doch jüngst König Archelaos zugleich mit unseren vornehmsten Dichtern an den Mazedonischen Hof geladen – eine Ehre, die ihm seine hochmütige Bescheidenheit anzunehmen freilich nicht erlaubt hat. Auch sind fremde Jünglinge aus Megara, aus Theben, aus Elis, ja sogar aus dem fernen Kyrene zu uns bekommen, um seinen Unterricht zu genießen. Seinen Unterricht! ... Es wäre wohl an der Zeit, ihm das Handwerk zu legen. Du meinst, man könnte ruhig den alten Kienspan zu Ende brennen lassen, er werde nicht mehr viele Köpfe in Brand stecken. Das mag wohl sein. Aber wie wird es erst die junge Brut treiben, wenn sie ihr Oberhaupt ungestört sein Werk fortsetzen und sein Leben in Ehren beschließen sieht?

Die Sitzung beginnt. Der Saal ist brechend voll. Mehrfach muss sich Sokrates, wie wir der *Apologie* entnehmen, gegen die Unruhe unter dem Publikum zur Wehr setzen. Geführt von dem *Archon Basileus*, treten beide Prozessparteien auf, Meletos, flankiert von seinen beiden *synegeroi*, seinen *Fürsprechern*, Anytos und Lykon, dahinter Sokrates und seine Anhänger. Die Klage des Meletos wird zuerst vorgelesen, dann die schriftliche Erwiderung des Beklagten. Ein Gerichtsdiener füllt die Wasseruhr auf, die den prozessführenden Parteien unbestechlich eine Redezeit vorgibt. Meletos hält sein Plädoyer. Es ist auch für ihn eine bedeutsame Stunde. Wenn er unterliegt vor Gericht, muss er eine Geldstrafe von tausend Drachmen bezahlen, eine Gegenklage durchfechten und ist vor der athenischen Öffentlichkeit blamiert. Dann verteidigt Sokrates sich selbst in einer groß angelegten Stegreifrede, die uns

Platon in der *Apologie* literarisch glanzvoll ihrem Sinne nach, sicher nicht wörtlich, überliefert hat. Platon war einer der Freunde des Sokrates, der als Prozessbeobachter fungierte. Das *sikasterium*, das *Volksgericht* mit seinen fünfhundert Laienrichtern, wird atemlos gelauscht haben.

Kurz, Sokrates bestreitet den ersten Anklagepunkt, den *Gottesfrevel*, ebenso vehement wie den der *Jugendverführung*. Ausdrücklich verweist er auf sein *daimonion*, seine *göttliche Stimme*. Er bittet seine Richter, den Vorwurf der *Gottlosigkeit* mit diesem Sachverhalt zu vergleichen: *Wenn ich aber Daimonisches glaube, so muss ich doch ganz notwendig auch Daimonen* (Götter – M. J.) *glauben. Ist es nicht so? Wohl ist es so! Und die Daimonen, halten wir die nicht für Götter entweder oder doch für Söhne von Göttern?*

Sokrates ist kein Atheist. Die Vorwürfe sind grotesk und wohl auch nur ein juristischer Vorwand, um einen unbequemen Mann zu liquidieren. Das versucht Sokrates vor den Gerichtsschranken begreiflich zu machen: *Jedoch, ihr Athener, dass ich nicht strafbar bin in Beziehung auf die Anklage des Meletos, darüber scheint mir keine große Verteidigung nötig zu sein, son-*

dern schon dieses ist genug. Was ich aber bereits ... sagte, dass ich bei vielen gar viel verhasst bin – wisst nur, das ist wahr! Und das ist es auch, dem ich unterliegen werde, wenn ich unterliege, nicht dem Meletos, nicht dem Anytos, sondern dem üblen Ruf und dem Hass der Menge, dem auch schon viele andere treffliche Männer unterliegen mussten und, glaube ich, noch ferner unterliegen werden.

Was macht Sokrates zum religiösen *Staatsfeind*? Es war der Umstand, dass er auf einer *privaten Gläubigkeit* bestand, die sich der öffentlichen Kontrolle entzog. Damit forderte er die Emanzipation des Individuums auch und gerade in Glaubensdingen. Was jedoch die athenischen Behörden vorschrieben, war der staatlich vorgeschriebene Götterkult, eine kodifizierte Religionslehre. Weil die Priesterschaft von Delphi zu diesem Zeitpunkt mit dem verhassten Sieger Sparta fraternisierte, geriet, aus politischen Ressentiments, der delphische „Staatsgott" Apollo in Athen in Misskredit. Sokrates bestand jedoch gegenüber der Staatsregierung, dass er seinem Gotte, der sich in der Stimme des *daimonion* artikulierte, mehr gehorchen müsse als der theologischen Staatsräson. Er forderte für sich die geistige

Autonomie. Das machte ihn zum „Staatsfeind“.

Sokrates versucht eben das zu begründen: *Was ihr mich oft und vielfältig sagen gehört habt, dass mir etwas Göttliches und Daimonisches widerfährt, was auch Meletos in seiner Anklage verspottet hat. Mir aber ist dieses von meiner Kindheit an geschehen: Eine Stimme nämlich, welche jedesmal, wenn sie sich hören lässt, mir von etwas abredet, was ich tun will – zugeredet aber hat sie mir nie.*

Das mit der Todesstrafe operierende Asebiegesetz war ein Ketzergesetz der Staatsmacht. Um Religiosität ging es nicht, sondern um das Verbot des Rechts auf freie Weltanschauung. Nicht anders verbrannten die päpstlichen Inquisitionäre auf dem Konstanzer Konzil (1414–1418) den hochherzigen tschechischen Religionsreformator Jan Huss. Nicht anders ließ die Inquisition 1600 in Rom den gelehrten Mönch Giordano Bruno auf dem Scheiterhaufen verbrennen. Nicht anders bedrohte der Vatikan Galileo Galilei mit dem Tod, weil er, wie Bruno, es wagte, das neue heliozentrische Weltbild öffentlich zu machen und damit die scholastische Position der Kirche und ihr unwissenschaftliches Weltbild zu erschüttern.

Was den Vorwurf der Verführung der Athener Jugend durch zersetzende Reden angeht, so konnten die Ankläger keinen der angeblich verführten Jugendlichen vor Gericht präsentieren. Selbstbewusst bekennt sich Sokrates als der Ethiker und Moralist, der er ist. *Wenn ihr mich tötet*, schmettert er den Anklägern entgegen, *einen solchen Mann, so werdet ihr* *m i r* *nicht größer Leid zufügen als* *e u c h* *selbst ... Daher bin ich auch jetzt, ihr Athener, weit entfernt, um meiner Selbst willen mich zu verteidigen, wie einer wohl denken könnte, sondern um Euretwillen, damit ihr nicht gegen des Gottes Gabe an euch etwas sündiget durch meine Verurteilung. Denn wenn ihr mich hinrichtet, werdet ihr nicht leicht einen anderen solchen finden, der ... von dem Gotte der Stadt beigegeben ist, wie einem großen und edlen Rosse, das aber eben seiner Größe wegen sich zur Trägkeit neigt und der Anreizung durch den Sporn bedarf, wie mich der Gott dem Staate als einen solchen zugelegt zu haben scheint, der ich auch euch einzeln anzureden, zu überreden und zu verweisen den ganzen Tag nicht aufhöre. Ein anderer solcher nun wird euch nicht leicht wieder werden, ihr Männer.*

Sokrates hat sich im Dienst, die Menschen zum Gutsein zu bilden, verzehrt: *Dass ich aber ein solcher bin, der dem Gotte der Stadt mag geschenkt sein, das könnt ihr hieraus abnehmen: Denn nicht wie etwas Menschliches sieht es aus, dass ich das Meinige samt und sonders versäumt habe und so viele Jahre schon ertrage, dass meine Angelegenheiten zurückstehen, dass ich aber immer die Eurigen betreibe und an jeden Einzelnen mich wendend und wie ein Vater oder älterer Bruder ihm zuredend, sich doch die Tugend angelegt sein zu lassen.*

Im Gegensatz zu den Sophisten, betont Sokrates, habe er nie finanziellen Vorteil aus seiner Tätigkeit gezogen: *Wenn ich hiervon noch einen Genuss hätte und um Lohn anderer so ermahnte, so hätte ich noch einen Grund. Nun aber seht ihr ja selbst, dass meine Ankläger, so schamlos sie mich auch alles anderen beschuldigen, dieses doch nicht erreichen konnten mit ihrer Schamlosigkeit, einen Zeugen aufzustellen, dass ich jemals einen Lohn mir ausgemacht oder gefordert hätte. Ich aber stelle, meine ich, einen hinreichenden Zeugen für die Wahrheit meiner Aussage: meine Armut.*

Sokrates tut das vor Gericht, was er seine Schüler immer gelehrt hat, nämlich ausschließlich der Norm seines Gewissens zu folgen. Der stoische römische Philosoph Seneca, ein Zeitgenosse des Jesus von Nazareth, wird es vierhundert Jahre später in die Worte fassen: *Es wohnt in uns ein heiliger Geist, der das Gute und das Böse in uns bewacht.*

Doch die Zeit drängt. Die Laienrichter müssen abstimmen. Sie tun das mit Stimmsteinen, die sie auf eine große Holztafel legen. Jedermann kann die Auszählung verfolgen und das Ergebnis überprüfen. Ergebnis: Zweihundertachtzig Richter sprechen Sokrates schuldig, zweihundertzwanzig halten ihn für unschuldig. Was für eine windige Anklage! Was für ein knappes Ergebnis!

Sokrates hat nun nach dem athenischen Strafrecht die Chance, Frau und Kinder vor den Schranken des Gerichtes erscheinen zu lassen, wo sie kniefällig und unter Tränen um Milde für ihn bitten dürfen. Das lehnt er als unwürdig ab. Er hat weiter das Recht, ein eigenes Strafmaß vorzuschlagen. Dieses Recht steht auch dem Kläger zu. Auch das lehnt Sokrates ab, weil er sagt, wenn er selbst eine Strafe vorschlage, dann impliziere dies seine Schuldanerkennung. Er sei jedoch unschuldig.

Die Freunde drängen. Da macht Sokrates, der alte Provokateur, einen ironischen Vorschlag. Er ergreift das Wort und verweist zunächst auf seine Verdienste um Athen: *Was verdiene ich zu erleiden oder zu erlegen dafür, dass ich in meinem Leben nie Ruhe gehalten, ... vielmehr nur darauf bedacht war, wie ich jedem Einzelnen die meines Dafürhaltens größte Wohltat erweisen könnte ... was also verdiene ich dafür zu leiden, dass ich ein solcher bin?*

Sokrates gibt selbst die Antwort auf seine rhetorische Frage. Er verlangt die höchste politische Auszeichnung, die Athen an verdiente Bürger zu vergeben hat: *Es gibt nichts, was so angemessen ist, ihr Athener, als dass ein solcher Mann im Prytaneion gespeist werde, weit mehr, als wenn einer von euch mit dem Rosse oder dem Zwiegespann oder dem Viergespann in den Olympischen Spielen gesiegt hat. Denn ein solcher bewirkt nur, dass ihr glückselig scheint, ich aber, dass ihr es seid; und jener bedarf der Speisung nicht, ich aber bedarf ihrer. Soll ich mir also, was ich mit Recht verdiene, zuerkennen, so erkenne ich mir dieses zu: Speisung im Prytaneion.*

Das Wutgeheul der Athener ist unermesslich. Es steigert sich noch, als Sokrates daraufhin, wiederum ironisch, eine Geldbuße vorschlägt von einer Mine. Das ist etwa der Gegenwert eines Zickleins. Selbst seine Freunde sind erschrocken und bieten aus ihrer eigenen Brieftasche dreißig Minen an. Aber es nützt nichts. Erneut werden die Stimmen, diesmal über die Form der Strafe, ausgezählt. Verärgert über das so anmaßend scheinende Auftreten des Philosophen folgen jetzt dreihundertsechzig gegen einhundertvierzig Richter dem Strafantrag der Ankläger: Tod durch den Schierlingsbecher.

Sokrates hält nun die Letzte seiner drei weltberühmt gewordenen Verteidigungsreden: *So scheide ich, nachdem ihr mich zum Tode verurteilt habt. Ihr aber geht hin und seid gezeichnet für alle Zeiten mit dem Brandmal der Boshaftigkeit und der Ungerechtigkeit. Wenn ihr glaubt, dadurch, dass ihr einen Menschen tötet, auch die Wahrheit töten und verhindern zu können, so denkt ihr falsch.*

Die drei letzten Sätze des Sokrates im Gerichtssaal lauten: *Jedoch – es ist Zeit, dass wir gehen. Ich, um zu sterben, und ihr, um zu leben. Wer aber von uns beiden zu dem besseren Geschäft hingehe, das ist allen verborgen außer nur Gott.*

Das daimonion des Sokrates, jene innere Stimme, die ihm zwar nicht sagte, was er tun, wohl aber, was er lassen sollte, war natürlich nichts als seine eigene Vernunft, aber eine, die er als höhere Instanz in seiner eigenen Person erfuhr: als seinen Genius oder, moderner, »Schutzengel«. (...)

Das Bewusstsein dieses Höheren in ihm gab ihm die unvergleichliche Sicherheit, Gelassenheit, Beharrlichkeit, mit der er die angemaßte und wirkliche Weisheit seiner Mitbürger prüfte, sich gegen die Anklage vor Gericht verteidigte, aus dem Gefängnis zu entfliehen verschmähte und schließlich den tödlichen Schierlingsbecher entgegennahm. *Das, was ihm als die Vernunft erschien, hatte er dermaßen mit seelischer – »libidinöser« – Energie aufzuladen vermocht, dass sie ihm selbst als ihn bestimmende und lenkende Macht vorkam.*

Christoph Türck,
Religionswende

Der Tod

Spöttisch und ironisch auch hier: Sokrates verabschiedet sich mit einem Scherzwort. Und so ziemt es sich ja auch für uns, von Sokrates Abschied zu nehmen, ohne ihm nachzuweinen.

Gernot Böhme
Der Typ Sokrates

Wo die Amtskirche seit 2000 Jahren, mit Uta Ranke-Heinemann zu sprechen, mit einer *Henkertheologie* ewiger Höllenstrafen die gläubigen Schäflein niederzuknüppeln versuchte, entwickelt Sokrates vor dem Gericht die frohe Botschaft einer milden Thanatologie, einer Todeslehre, die voller Trost ist. Sie hebt sich auch deutlich von den düsteren Bildern ab, mit denen Platon den *Hades*, die graue Unterweltlandschaft der abgeschiedenen Seelen, in der griechischen Mythologie ausmalt. Noch vor Gericht wendet sich Sokrates gegen die Annahme, *der Tod sei ein Übel.* Ob der Tod säkular, das heißt als das definitive

Xanthippe: „Du stirbst ungerechterweise ...“
Sokrates: „Wünschtest Du Dir, dass ich gerechterweise stürbe?“

Ende des leiblichen wie geistigen Lebens, verstanden wird, oder ob er eine religiöse Deutung eines Weiterlebens in spiritualisierter Seelenform erfährt, er ist, nach Sokrates, in beiden Fällen nicht zu fürchten. Sokrates: *Denn eines von beiden ist das Totsein: Entweder so viel als Nichtssein noch irgendeine Empfindung von Irgendetwas zu haben, wenn man tot ist; oder, wie auch gesagt wird, es ist eine Versetzung und Umzug der Seele von hinnen an einen anderen Ort.*

Im ersten Fall ist es *nun gar keine Empfindung, sondern ein Schlaf, in welchem der Schlafende noch nicht einmal einen Traum hat. So wäre der Tod ein wunderbarer Gewinn.*

Was aber wäre, wenn wir eine unsterbliche Seele hätten und ein Jenseits beträten? Erwartet uns ein Jüngstes Gericht oder, wie ich es noch als Jesuitenschüler lernte, das katholische Fegefeuer oder die Qualen der Hölle, ohne dort je die Chance einer Resozialisierung und Rehabilitation zu haben?

Nietzsche registrierte in *Der Wille zur Macht*: *Der Tod ist verdorben durch den Missbrauch, den die Kirche damit getrieben hat.* In *Menschliches, Allzumenschliches* kritisiert er, gegen die Theologen, die *Funktionäre des Todes*, gerichtet, die Verunglimpfung des Todes zum religiösen Schreckgebilde: *Der Tod ist durch die wunderlichen Apotheker-Seelen zu einem übelschmeckenden Gifttropfen gemacht.*

Sokrates würdigt den religiös verstandenen Tod als ein erhebendes Erlebnis: *Ist der Tod aber wiederum wie eine Auswanderung von hinnen an einen anderen Ort, und ist das wahr, was gesagt wird, dass dort alle Verstorbenen sind, – was für ein größeres Gut könnte es wohl geben als dieses, ihr Richter? … Wäre das wohl eine schlechte Wanderung? … Mit dem Orpheus umzugehen und mit Musaios und Hesiodot und Homer, – wie teuer möchtet ihr das wohl erkaufen? Ich wenigstens will gern oftmals sterben, wenn dies wahr ist.*

Wie bescheiden ist Sokrates auch hier. Er persönlich neigt wohl eher dem Glauben an eine *andere Welt* nach dem Tode zu, aber er ist intellektuell zu redlich, um eine dogmatische Festlegung über ein Leben nach dem Tod zu treffen. Er gibt keine Garantien, kein festes Wissen von Gott, von der Unsterblichkeit, von dem Ende aller Dinge. Der Existenzphilosoph Karl Jaspers würde sagen, wir stoßen an die Transzendenz, können sie jedoch nicht erkennen. Ausdrücklich besteht Sokrates auf dem menschlichen Nichtwissen.

Wie anmaßend nehmen sich dagegen die dogmatischen Behauptungen esoterischer Sekten über die vermeintlichen Stationen des „Astralleibes" nach dem Tode aus. Sokrates bekennt bescheiden: *Denn den Tod fürchten, ihr Männer, das ist nichts anderes, als sich dünken, man wäre weise, und es doch nicht sein. Denn es ist ein Dünkel, etwas zu wissen, was man nicht weiß. Denn niemand weiß, was der Tod ist, nicht einmal, ob er nicht für den Menschen das Größte ist unter allen Gütern. Sie fürchten ihn aber, als wüssten sie gewiss, dass er das größte Übel ist. Und wie wäre dies nicht eben derselbe verrufene Unverstand, die Einbildung, etwas zu wissen, was man nicht weiß. Ich nun, ihr Athener, übertreffe vielleicht um dasselbe auch hierin die meisten Menschen. Und wollte ich behaupten, dass ich um irgendetwas weiser wäre: So wäre es um dieses, dass, da ich nichts ordentlich weiß von den Dingen in der Unterwelt, ich es auch nicht glaube zu wissen.*

Sokrates geht gelassen in den Tod, der ein befohlener Freitod ist. Gerade in dieser Situation bewahrt er Realismus. In dem der *Apologie* folgenden Dialog *Kriton* schildert Platon, wie der reiche Athener Kriton den Sokrates, der nun im Staatskerker sitzt, zur Flucht zu überreden versucht. Kriton wendet alle seine Beredsamkeit auf: *Du wunderlicher Sokrates. Auch jetzt noch, folge mir und rette mich. Denn für mich ist es nicht e i n Unglück, etwa wenn du stirbst: Sondern außerdem, dass ich eines solchen Freundes beraubt werde, wie ich nie wieder einen finden kann, werden auch viele glauben, die mich und dich nicht genau kennen, dass, ob ich schon im Stande gewesen wäre, dich zu retten, wenn ich einiges Geld aufwenden gewollt, ich es doch verabsäumt hätte. Und was für einen schlechteren Ruf könnte es wohl geben, als dafür angesehen sein, dass man das Geld höher achte als die Freunde?*

Noch einmal formuliert Sokrates einen seiner großen Gedanken über Gerechtigkeit und Ungerechtigkeit. Sokrates: *Wir müssen dieses erwägen, ob es gerecht ist, dass ich versuche, von hier fortzugehen, ohne dass die Athener mich fortlassen, oder nicht gerecht. Und wenn es sich als gerecht zeigt, wollen wir es versuchen; wo nicht, es unterlassen.* Getreu seiner Maxime, *dass es besser ist, Unrecht zu leiden als zu tun*, respektiert Sokrates den Staat auch dort, wo dieser Staat fehlgeht. Die Legitimität in Frage zu stellen, hieße in dieser politischen Situation, nach Sokrates, die soziale Anarchie zu riskieren. Sokrates: *Wenn, indem wir von hier davonlaufen wollten, oder wie man dies sonst nennen soll, die Gesetze kämen und das gemeine Wesen dieser Stadt, und uns in den Weg tretend fragten: „Sage nur, Sokrates, was hast du im Sinne zu tun? Ist es nicht so, dass du durch diese Tat, welche du unternimmst, uns, den Gesetzen, und also dem ganzen Staat den Untergang zu bereiten gedenkst, so viel an dir ist? Oder dünkt es dich möglich, dass jener Staat noch bestehe und nicht in gänzliche Zerrüttung gerate, in welchem die abgetanenen Rechtssachen keine Kraft haben, sondern von Einzelmännern können ungültig gemacht und umgestoßen werden?“*

Georg Friedrich Wilhelm Hegel (1770–1831) hat, diesen Gedanken aufgreifend, die Legitimität des staatlichen Urteils gegen Sokrates sogar bejaht. Er sah hierin den dialektischen Zusammenprall zweier weltgeschichtlicher geistiger Prinzipien: *Sokrates hat dem richterlichen Anspruch sein Gewissen entgegengesetzt, sich vor dem Tribunal seines Gewissens freigesprochen. Aber kein Volk … hat ein Tribunal des Gewissens anzuerkennen. … denn Volk ist die Re-*

gierung, Gericht, das Allgemeine. Und das erste Prinzip eines Staates überhaupt ist, dass es keine höhere Vernunft, Gewissen, Rechtschaffenheit, wie man will, gibt, als das, was der Staat für Recht erkennt. Quäker, Wiedertäufer und so fort, die bestimmten Rechten des Staates, der Verteidigung des Vaterlandes sich widersetzten, können in einem wahren Staate nicht stattfinden. … Und das Volk von Athen hat das Recht seines Gesetzes, seiner Sitte gegen diesen Angriff, gegen diese Verletzung des Sokrates behauptet (Geschichte der Philosophie).

Das ist natürlich ein autoritäres Staatsverständnis, das aus dem preußischen Philosophen spricht. Gleichwohl sieht der Dialektiker Hegel die geschichtliche Bedeutung des Sokrates darin, dass hier zum ersten Mal in der Geschichte des Geistes das Individuum auf seinem eigenen Recht beharrt. Was gut ist, das muss jeder vor seinem eigenen Gewissen ausmachen und rechtfertigen: *An die Stelle dieses allgemeinen einigenden Geistes tritt der einzelne Geist, die sich entscheidende Individualität … Es gehört der modernen Zeit an, dass wir dafür stehen wollen, was wir tun.*

Die Konfrontation zwischen Sokrates und Athen ist nach Hegel ein geschichtlich notwendiges Ereignis, das früher oder später sich ereignen musste und in dem beide Seiten auf ihre Weise Recht hatten. Nur: Die eine Wahrheit ist die *alte*, die oppositionelle Wahrheit erweist sich als die *neue* Wahrheit. In diesem Sinne rühmt Hegel Sokrates als einen geistigen Innovator von grandioser Kühnheit: *Er ist nicht nur eine höchst wichtige Figur in der Geschichte der Philosophie – die interessanteste in der Philosophie des Altertums –, sondern er ist welthistorische Person. Er ist Hauptwendepunkt des Geistes in sich selbst.*

Sokrates bejaht seinen Tod. Er will sterben. Er ist einmal ein alter Mann, vom Nachlassen seiner Kräfte bedroht. Der Gedanke, als Emigrant in einem fremden Land von den Almosen und der Gunst anderer abhängig zu sein, erschreckt den stolzen Athener: *Ein schönes Leben wäre mir das also, in solchem Alter auszuwandern und immer umhergetrieben, eine Stadt mit der anderen zu vertauschen!* Es sieht fast so aus, als ob es ihm, der sein Leben so bewusst geführt hat, passt, dies ebenso bewusst und mit eigener Hand zu beenden. Sein Tod würde die Existenzialität und Wahrheit seines Denkens, seine Folgerichtigkeit und Unerschütterlichkeit vor aller Welt kundtun. Der Tod des Sokrates hat, wie Jaspers bekundet, *sein Bild und seine Wirkung bestimmt. Er ist der Märtyrer der Philosophie.*

Im Phaidon-Dialog erfahren wir die genaueren Umstände von Sokrates Tod. Es ist eine der anrührendsten und lesenswertesten Erzählungen der Weltliteratur. Ausführlich protokolliert Platon die ausgedehnten philosophischen Gespräche der letzten Tage, die um Tod und Leben kreisen. Leben lernen heißt Sterben lernen, bekräftigt Sokrates: *In der Tat also ... trachten die richtig Philosophierenden danach zu sterben, und der Tod ist ihnen unter allen Menschen am wenigsten furchtbar.* Zum letzten Mal sind die engen Freunde des Sokrates um ihn: Apollodoros, Simmias, Kriton, Echekrates und Phaidon. Xanthippe bringt ihre Kinder mit in den Kerker. Als sie und weitere anwesende Frauen das Weinen nicht lassen können, bittet sie Sokrates zu gehen.

Die Vollstreckung des Urteils hat sich um dreißig Tage verzögert. Der Prozess ist in die Zeit gefallen, da einmal jährlich Athen eine Festgesandtschaft nach Delos entbietet, um den mythischen Helden Theseus zu ehren. In diesem heiligen Zeitraum dürfen keine Todesurteile vollstreckt werden. Als das Schiff aus Delos zurückkehrt, ist es soweit.

Der Vollstreckungsbeamte kommt in die Zelle mit dem Schierlingsbecher. Schierling, *Conium macolatun*, stinkt angeblich wie Katzenharn. Es schmeckt bitter. Das Gift bewirkt eine von den Beinen her aufsteigende Lähmung und Schwindel. In verdichteter Menge verabreicht, tritt der Tod durch eine Lähmung der Atemnerven ein.

Sokrates ist auch in dieser Situation gelassen und höflich: *Als nun Sokrates den Menschen sah, sprach er: „Wohlan, Bester, denn du verstehst es ja, wie muss man es machen?“ „Nichts weiter“, sagte der, „als, wenn du getrunken hast, herumgehen, bis dir die Schenkel schwer werden und dann dich niederlegen, so wird es schon wirken.“* Der Fama nach ist es übrigens ein humaner Vollstreckungsbeamter gewesen. Er habe Sokrates um Verzeihung gebeten, ihm den Todestrank geben zu müssen, und ihm ausdrücklich versichert, wie er ihn bewundere. Solche Beamten hat es auch in Nazideutschland gegeben, die zum Tode verurteilten Antifaschisten geholfen haben auf ihrem letzten Gang.

Wir hören alles Weitere von Platon und wollen es ausführlich aus dem Dialog *Phaidon* zitieren: *Von uns waren die meisten bis dahin ziemlich im Stande gewesen, sich zu halten, dass sie nicht weinten; als sie aber sahen, dass er trank und getrunken hatte, nicht mehr. Sondern auch mir selbst* (Phaidon – M. J.) *flossen Tränen mit Gewalt, und nicht tropfenweise, so dass ich mich verhüllen musste und mich ausweinen, nicht über ihn jedoch, sondern über mein eigenes Schicksal, was für eines Freundes ich nun sollte beraubt werden. Kriton war noch eher als ich aufgestanden, weil er nicht vermochte, die Tränen zurückzuhalten. Apollodoros aber hatte schon früher nicht aufgehört zu weinen. Nun brach er vollends in lautes Klagen aus, weinend und unwillig sich gebärdend. Es war keiner von allen Anwesenden, den er nicht durch sein Weinen erschüttert hätte, als nur Sokrates selbst. Der aber sagte: Was macht ihr doch, ihr wunderbaren Leute! Ich habe vorzüglich deswegen die Weiber weggeschickt, dass ihr dergleichen nicht begehen möchtet. Denn ich habe immer gehört, man müsste stille sein, wenn einer stirbt. Also haltet euch ruhig und seid stark!*

Sokrates hält seine Schüler zur Gelassenheit und Würde an: *Als wir das hörten, schämten wir uns und hielten inne mit Weinen. Er aber ging umher. Als er merkte, dass ihm die Schenkel schwer wurden, legte er sich gerade hin auf den Rücken: Denn so hatte es ihm der Mensch geheißen. Darauf berührte ihn eben dieser, der ihm das Gift gegeben hat, von Zeit zu Zeit und untersuchte seine Füße und Schenkel. Dann drückte er ihm den Fuß stark und fragte, ob er es fühle. Er sagte: „Nein". Und darauf die Knie, und so ging er immer höher hinauf und zeigte uns, wie er erkaltete und erstarrte. Darauf berührte er ihn noch einmal und sagte, wenn ihm das bis ans Herz käme, dann würde er tot sein.*

Selbst in der Todesminute bleibt Sokrates ein Mann der Gelassenheit. Er verabschiedet sich mit einem kleinen Wunsch aus dieser Welt: *Als ihm nun schon der Unterleib fast ganz kalt war, da enthüllte er sich, denn er lag verhüllt, und sagte, und das waren seine letzten Worte: „Oh Kriton, wir sind dem Asklepios einen Hahn schuldig: Entrichte ihm den und versäumt es ja nicht!" Das soll geschehen, sagte Kriton; „Sieh aber zu, ob du noch sonst etwas zu sagen hast?" Als Kriton dies fragte, antwortete er aber nichts mehr; sondern bald darauf zuckte er, und der Mensch deckte ihn auf. Da waren seine Augen gebrochen.*

Als Kriton dies sah, schloss er ihm Mund und Augen.

Phaidon beschließt seinen Todesbericht mit den Worten: *Dies, o Echekrates, war das Ende unseres Freundes, des Mannes, der unserem Urteil nach von den damals Lebenden, mit denen wir es versucht haben, der trefflichste war, und auch sonst der vernünftigste und gerechteste.*

Mögen uns ein starker Charakter und ein gnädiges Schicksal die sokratische Gelassenheit bescheren, eines Tages ähnlich würdig aus der Welt zu gehen.

Wie sagte doch im Frühjahr 2000 die 59-jährige frühere Sozialministerin Brandenburgs, Regina Hildebrandt, als die Ärzte bei ihr, fünf Jahre nach erfolgter Brustamputation, Chemotherapie und 27 Bestrahlungen, im ganzen Körper Krebsmetastasen diagnostizierten, ganz im Geiste Sokrates: *Es kommt nicht darauf an, dass man ganz lange lebt, sondern dass man erfüllt gelebt hat.*

Vortragskassetten Philosophie von Dr. Mathias Jung im emu-Verlag

- Sokrates oder Die Norm meines Gewissens
- Seneca oder Die Freude des Augenblicks
- Augustinus oder Der Zwiespalt
- Giordano Bruno oder Die neue Welt
- Descartes oder Der Januskopf der Wissenschaft
- Spinoza oder Das Abenteuer der Diesseitigkeit
- Leibniz oder Die Beste aller Welten
- Hobbes oder Die Zähmung der Bestie Mensch
- Voltaire oder Die Waffe des Geistes
- Kant oder Die Mündigkeit
- Hegel oder Der Fortschritt
- Feuerbach oder Die Sache mit Gott
- Marx oder Die Entfremdung des Menschen
- Schopenhauer oder Die Qual des Seins
- Nietzsche oder Die Hymne auf das Leben
- Heidegger oder Die Angst
- Jaspers oder Die Weltphilosophie
- Hannah Arendt oder Vom täglichen Leben

Weitere Bücher von Dr. Mathias Jung im emu-Verlag

Reine Männersache
Ein Handbuch zur neuen Männlichkeit
281 Seiten

LebensNachmittag
Die zweite Lebenshälfte. Krise und Aufbruch
256 Seiten

Trennung als Aufbruch
292 Seiten

Mut zum Ich
288 Seiten

Seele–Sucht–Sehnsucht
Wege zur Klarheit
352 Seiten

Das sprachlose Paar
Wege aus der Krise
244 Seiten

EiferSucht – ein Schicksalsschlag?
Von Liebe, Freiheit und Besitzgier
112 Seiten

Versöhnung
Töchter, Söhne, Eltern
332 Seiten

Ein Verlag, ein Haus, eine Philosophie.

Millionen Bundesbürger kennen den kämpferischen Ganzheitsarzt Dr. Max Otto Bruker (1909–2001) aus dem Fernsehen, aus Vorträgen, durch den „Mundfunk“ überzeugter Patienten. Vor allem lesen sie aber die rund 30 Bücher des schwäbischen Humanisten und Seelenarztes. Mit einer Buchauflage von über drei Millionen Exemplaren ist Max Otto Bruker der wohl bedeutendste medizinische Erfolgsautor im deutschsprachigen Raum. Der – in der Nachfolge des Schweizer Reformarztes Bircher-Benner scherzhaft „Deutschlands Vollwertpapst“ genannte – Massenaufklärer, langjährige Klinikchef und Ernährungsspezialist lehrte zwei fundamentale Erkenntnisse Patienten wie Gesunden: Der Mensch wird krank, weil er sich falsch ernährt. Der Mensch wird krank, weil er falsch lebt.

Hinter den Erfolgstiteln des emu-Verlages steht ein bedeutender Forscher und Arzt, eine Bewegung, ein Haus und tausende Schülerinnen und Schüler. 1994 wurde das „Dr. Max Otto Bruker Haus“, das Zentrum für Gesundheit und ganzheitliche Lebensweise, auf der Lahnhöhe in Lahnstein bei Koblenz bezogen. Es stellt die äußere Krönung des Brukerschen Lebenswerkes dar: Der lichte Bau mit seinem Grasdach, den Sonnenkollektoren und den Wasserrecyclinganlagen, seinen Seminarräumen, dem Foyer mit der Glaskuppel und dem liebevollen Biogarten ist als Treffpunkt für all jene konzipiert, denen körperliche und seelische Gesundheit, ökologische und spirituelle Harmonie Herzensbedürfnis und Sehnsucht sind.

Hinter dem eleganten Halbmondkorpus mit dem markanten Grasdach verbirgt sich eine Begegnungsstätte für Gesundheitsbewußte, Seminarteilnehmer, Trost-, Ruhe- und Anregungsbedürftige.

Das Dr. Max Otto Bruker Haus

Feste Termine:

Jeden Dienstag, 18.30 Uhr: Vortrag Dr. phil. Mathias Jung (Lebenshilfe und Philosophie)
Jeden Mittwoch, 10.30 Uhr: Fragestunde mit Dr. med. Jürgen Birmanns (Ärztlicher Rat aus ganzheitlicher Sicht)

Ausbildung Gesundheitsberater/in GGB
Lebensberatung/Frauen-, Männer- und Paargruppen

Die vitalstoffreiche Vollwertkost hat ihre Verbreitung, auch im klinischen Bereich, durch die unermüdliche Information und praktische Durchführung von Dr. M. O. Bruker gefunden. Um die Erkenntnisse gesunder Lebensführung und die durch falsche Ernährung provozierte Krankheitslawine ins öffentliche Bewußtsein zu rücken, bildete M. O. Bruker seit 1978 (im Rahmen der von ihm gegründeten „Gesellschaft für Gesundheitsberatung GGB e.V.“) Gesundheitsberaterinnen und Gesundheitsberater GGB aus. 1999 übergab er die ärztliche Leitung an Dr. med. Jürgen Birmanns. Über 4000 Frauen und Männer haben bislang die berufsbegleitende Ausbildung bestanden und wirken in Volkshochschulen, Bioläden, Lehrküchen, Krankenhäusern, ärztlichen Praxen, Krankenversicherungen und ähnlichen Bereichen.

Auf der Lahnhöhe erhalten sie durch Dr. Birmanns und sein Expertenteam nicht nur eine sorgfältige Grundlagenausbildung über die vitalstoffreiche Vollwertkost und den Krankmacher der „entnatürlichten“ (denaturierten) Zivilisationsernährung (raffinierter Fabrikzucker, Auszugsmehle, fabrikatorische Öle und Fette, tierisches Eiweiß usw.), sondern gewinnen auch Einblick in die leibseelischen Zusammenhänge der Krankheiten.

Anfragen zur Gesundheitsberater-Ausbildung wie zu den Selbsterfahrungsgruppen, Lebensberatung, Paartherapie und Psychotherapie bei Dr. Mathias Jung und weiteren Tages- und Wochenendseminaren sowie Einzelberatung sind zu richten an die Gesellschaft für Gesundheitsberatung GGB e.V., Dr. Max-Otto-Bruker-Str. 3, 56112 Lahnstein (Tel.: 02621/917010, 917017, 917018, Fax: 02621/917033).

Fordern Sie ebenfalls ein kostenloses Probe-Exemplar der Zeitschrift „Der Gesundheitsberater“ an!